中國政府管制、
外部審計與配股融資

來自中國證券市場

王良成 著

財經錢線

前　言

　　如果把中國經濟的增長看作當今世界發展的一個奇跡，那麼這個奇跡的背後必然會有耐人尋味的故事並有規律可循。中國經濟的崛起這樣驚天動地的故事必然涉及龐大的經濟、政治和文化系統，闡釋如果面面俱到，難免紛繁複雜，讓人眼花繚亂並無所適從。如果從一個點或一個面講解開來，則可以做到條理清晰、結構嚴謹並易於把握，內容的闡述和理論的分析及驗證也更容易有深度和厚度。

　　基於這樣的認識，本書原本是打算從公司治理這個角度來講述和分析中國經濟的發展的。然而，公司治理是一個相當大的研究領域，中國經濟的發展又涉及多個方面，顯然，這樣的研究角度仍然過於寬泛。正如 La Porta et al.（2000）和 Pistor and Xu（2003）等學者所言，在轉型經濟國家裡，投資者法律保護薄弱，政府管制比較盛行。他們同時強調，政府管制對於投資者法律保護薄弱的國家的證券市場的發展和經濟推動具有重要的作用，而且，政府管制也是公司治理的一個內容。

有鑒於此，本書打算從政府管制這個角度來講述和分析中國經濟的發展。然而，這仍然沒有克服研究內容過於寬泛的問題。

在中國這樣一個有著五千多年歷史的國家，官文化思想根深蒂固，政府管制滲透到經濟生活的方方面面。毋容置疑，中國改革開放後經濟的騰飛，得益於資本市場的建立和上市公司的湧現。資本市場的作用主要是為上市公司提供融資等資源配置功能，上市公司的主要功能是有效使用資源並讓資本增值，資本市場和上市公司無可否認地成為中國經濟增長的兩大引擎，而審計作為一種外部公司治理機制，可以對資本市場的財務會計信息進行鑒證，減少市場參與者之間信息不對稱和信息噪音，是維繫資本市場健康發展和上市公司正常營運的重要微觀基礎。

綜合以上分析，本書決定從政府管制角度分析上市公司的配股融資行為和相應的經濟後果，並考慮外部審計在其中的作用和受到的影響，以此來反應和解讀中國經濟發展的一個側面。

具體而言，本書著眼於中國經濟轉型的制度變遷。首先，考察中國政府管制是否會提高證券市場配股融資的效率。其次，探討中國上市公司在配股融資過程中存在什麼樣的盈餘管理行為和策略，厘清它們各自表現的方式和程度有什麼不同，分析它們對中國證券市場配置效率的影響是否存在差異，同時，考察政府監管者能否識別並有效抑制上市公司的盈餘管理行為和策略。更進一步，本書著重刻畫和分析上市公司配股後的會計業績和真實業績是否都出現了下滑，是否都能被盈餘管理因素解釋，以及是否存在其他因素更能解釋上市公司的配股業績下滑。再次，中國配股管制經歷了從無審計意見管制時期到審計意見管制時期的制度變遷，這樣的制度變遷是否會影響到審計意見在公司配股融資行為中的信息含量。最後，考察大型會計師事務所能否有效抑制上市公司在配股融資過程中的盈餘管理行為。

本書立足於中國經濟之現實，力求做到制度考察與理論分析相結合，通過經驗數據之實證研究描述和分析並解答上述問題。

（1）把政府管制對證券市場配股融資效率的作用區分為直接和間接兩個方面，從長期會計業績和市場業績進行全面考察，揭示政府管制對中國證券市場的發展具有正面作用，在直接作用和間接作用上都有所體現。並且，中國政府管制的直接作用和間接作用都有逐步加強的趨勢，存在隨時間推移的演進效應，相對於直接作用而言，政府管制的間接作用表現出一定的緩慢性和柔弱性。

（2）中國上市公司配股融資過程中存在應計盈餘管理（Accrual-based Earnings Management）、線下項目盈餘管理（Earnings Management from Below-the-line Items）、真實盈餘管理（Real Earnings Management）三種盈餘管理行為和策略。其中，應計盈餘管理被上市公司採用的頻率最高，並且，只有線下項目盈餘管理和真實盈餘管理能被政府監管者有效識別，其中線下項目盈餘管理最容易被政府監管者識別。此外，應計盈餘管理、線下項目盈餘管理、真實盈餘管理對資源配置效率都有顯著的負面影響，而線下項目盈餘管理的負面影響程度最大。

（3）中國上市公司配股後會計業績和真實業績都出現了顯著的下滑，會計業績較之真實業績下滑得更厲害。大股東的掏空行為比盈餘管理更能解釋中國上市公司配股後真實業績下滑的原因，盈餘管理能解釋上市公司配股後會計業績下滑的原因。總體而言，在中國資本市場上，大股東的掏空行為比盈餘管理更能解釋中國上市公司配股業績下滑之謎。

（4）審計意見在中國證券市場的配股融資過程中對於政府監管者和市場投資者具有信息參考作用。從無審計意見管制時期變遷到審計意見管制時期後，在新的管制環境下，由於審計

意見從一種隱性的市場制度安排變為顯性的政府管制手段，審計意見的信息內容被強制趨同，其對監管者和市場投資者而言不再有信息參考作用，表現為非標準意見和標準意見在政府監管者的決策上不再有差異化考慮，在配股公司的長期市場業績上不再有顯著差別反應。

（5）大型會計師事務所對不同盈餘管理程度的公司採取不同的審計質量標準進行審計，說明在中國證券市場上大型會計師事務所具有「相機抉擇」的理性經濟人特質。具體表現為：大型會計師事務所總體上對所有樣本公司沒有表現出顯著的高質量審計水準，在將樣本公司區分為配股公司和非配股公司後，大型會計師事務所對配股公司的盈餘管理能進行顯著的抑制，並且其抑制程度要顯著高於對非配股公司的抑制程度。但是，大型會計師事務所對非配股公司的盈餘管理並沒有表現出顯著的抑制水準。

希望本書的研究結論，一方面能從一個截面或一個點上反應和解讀中國經濟的改革與發展，另一方面能為今後中國經濟的改革尤其是中國證券市場審計的改革提供經驗證據和政策啟示。

本書能順利完稿，要特別感謝我的導師廈門大學陳漢文教授和汕頭大學杜汭教授的啟發、指導和幫助，同時感謝香港城市大學 Zhifeng Yang 教授、Xijia Su 教授、Francis Kim 教授、Zhihong Chen 教授、Yunyan Guan 教授、香港中文大學 Tianyu Zhang 教授和中歐國際商學院 Charles Chen 教授及南洋理工大學 Bin Ke 教授的寶貴建議和幫助，感謝同窗好友和學術界的同仁及同事提供的建議和支持，感謝教育部人文社科青年基金研究項目和中央高校基本科研業務費項目的支助。

由於筆者水準有限，書中難免有不足之處，敬請各位同仁、專家和讀者不吝賜教。

目　錄

第一章　導論　1

    1.1　研究主題與研究目的　2

    1.2　研究內容和結構安排　7

    1.3　學術貢獻和創新　11

第二章　制度背景和理論分析　13

    2.1　政府管制和中國證券市場的發展　14

    2.2　配股管制　17

    2.3　中國審計市場的發展　21

    2.4　本章小結　27

第三章　基於長期業績度量的中國配股管制有效性檢驗　29

    3.1　引言　30

    3.2　理論分析和研究假設　33

3.3 數據樣本和研究方法　36
　　3.3.1 數據樣本　36
　　3.3.2 研究方法　37
3.4 實證結果及分析　41
　　3.4.1 研究樣本情況分析　41
　　3.4.2 單變量檢驗　42
　　3.4.3 多變量檢驗　55
　　3.4.4 穩健性分析　63
3.5 本章小結　63
附錄：配股申請三種結果（通過、拒絕、放棄）之實例　65

第四章　配股融資過程中的盈餘管理行為與政府管制有效性　69

4.1 引言　70
4.2 理論分析和研究假設　72
4.3 研究設計　77
　　4.3.1 數據樣本　77
　　4.3.2 檢驗模型與變量設定　78
4.4 實證結果及分析　80
　　4.4.1 應計盈餘管理、線下項目盈餘管理、真實盈餘管理　80
　　4.4.2 盈餘管理策略與配股管制　86
　　4.4.3 盈餘管理策略、配股管制與資源配置效率　88
　　4.4.4 穩健性測試　93
4.5 研究結論和啟示　93

第五章　中國上市公司配股業績下滑之理論解釋和實證檢驗　95

5.1　引言　96
5.2　理論分析和研究假設　99
　　5.2.1　掏空　99
　　5.2.2　成本轉嫁　101
5.3　研究設計　104
　　5.3.1　樣本選擇和數據來源　104
　　5.3.2　研究方法　106
5.4　實證結果及分析　110
　　5.4.1　上市公司配股前後的業績變化　110
　　5.4.2　描述性統計與迴歸分析　112
　　5.4.3　穩健性測試　116
5.5　研究結論和啟示　116

第六章　配股管制變遷與審計意見信息含量　119

6.1　引言　120
6.2　理論分析和研究假設　123
6.3　數據樣本和研究方法　127
　　6.3.1　數據樣本　127
　　6.3.2　研究方法　128
6.4　實證結果及分析　133
　　6.4.1　樣本公司的「自選擇」過程　133

6.4.2 非標意見信息在監管者身上的反應　137

6.4.3 非標意見信息在未來長期業績上的反應　139

6.4.4 敏感性測試　147

6.5 本章小結　147

第七章　大型會計師事務所的經濟人行為與審計質量　149

7.1 引言　150

7.2 制度背景、文獻回顧和研究假設　152

　7.2.1 制度背景　153

　7.2.2 文獻回顧　154

　7.2.3 研究假設　157

7.3 研究設計　159

　7.3.1 樣本選取和數據來源　159

　7.3.2 盈餘管理的衡量　160

　7.3.3 研究方法　161

7.4 實證結果及分析　164

　7.4.1 配股公司和非配股公司盈餘管理的情況　164

　7.4.2 描述性統計分析　167

　7.4.3 大所對盈餘管理的抑制　169

　7.4.4 輔助性檢驗　172

　7.4.5 穩健性分析　175

7.5 本章小結　175

第八章　研究結論和啟示 177

8.1　研究結論　178

8.2　理論和政策含義　180

參考文獻 183

第一章
導　論

作為開篇之論，本章簡要闡述了本書的研究背景和寫作動機，提出了要研究的問題並介紹了本書的研究框架與結構安排、學術貢獻和創新。

1.1 研究主題與研究目的

最近由美國的次貸危機引發的全球金融危機凸顯了金融管制[①]的重要性和時代使命。2008年11月和2009年4月分別在華盛頓和倫敦召開的二十國集團（簡稱G20）全球金融峰會都著重強調加強對金融市場的監管。保護投資者利益和優化資源配置是金融管制的重中之重。配股管製作為中國金融管制的一項重要內容在中國由來已久，並且管制內容歷經多次修訂，研究配股管制對中國證券市場資源配置的有效性具有重要的理論意義和實踐意義。

因此，本書的第一個研究問題是：中國的配股管制在保護投資者利益和優化資源配置方面是否有效。

La Porta et al.（1997，1998，2000）強調一國對投資者保護的程度對該國金融市場的發展影響深遠。而投資者保護程度取決於法律條文本身的完善程度和其被執行的力度，同樣的法律條文由於不同的執行力度會產生不同的結果，因此，兩者結合產生的對投資者的有效保護程度取決於所在的環境的語言、文化和制度

---

① 本書中的金融管制是指廣義的金融管制，包括對金融市場進行的一切監管活動。它是政府管制的一種形式，指一國政府為維持金融體系穩定運行和整體效率而對金融機構和金融市場活動的各個方面進行的管理和限制，以保證金融體系的穩定、安全及確保投資人利益的一種制度安排，是在金融市場失靈（如脆弱性、外部性、信息不對稱及壟斷等）的情況下，由政府或社會提供的糾正市場失靈的金融管理制度。本書主要探討金融管制中的配股管制對中國證券市場發展和外部審計的影響。

(Pistor and Xu，2005a)。法律條文的執行是通過市場的「法治之手」如法院和政府的「管制之手」如監管者這兩只手來進行的。市場經濟發達的國家，法律體系成熟和完善，法律條文的執行主要通過市場的「法治之手」來進行；而在市場經濟欠發達的轉型經濟國家，法律體系不健全，法律條文的執行主要通過政府的「管制之手」來進行。即使在市場經濟發達的美國，由於市場嚴重失靈，政府管制有逐漸增加的趨勢（Glaeser and Shleifer，2003)。並且，在法律體系薄弱的轉型經濟國家，在法律條文執行和投資者保護方面，政府管制是一個次優的選擇，比其薄弱的法治治理表現得更好（Frye and Shleifer，1997；Pistor and Xu，2005b)。因此，我們認為，在中國這樣一個處於經濟轉型期的新興資本市場國家，由於固有的歷史文化因素和較短的市場經濟發展歷程，法治建設的先天不足和法律治理固有的缺陷及傳統文化觀念的影響，中國的政府管制必然存在並且極其重要。由此，本書預測，中國金融管制中的配股管制在保護投資者利益和優化資源配置方面會表現出正面的積極作用。

中國上市公司在配股融資過程中瘋狂的盈餘管理行為，也成為公認的事實（陳小悅等，2000；閻達五等，2001；Yu et al.，2006)。Chen and Yuan（2004）的研究顯示應計盈餘管理（Accrual-based Earnings Management）不能在中國配股管制過程中被監管者有效識別，能被監管者有效識別的是線下項目盈餘管理（Earnings Management from Below-the-line Items)。他們結合中國的制度背景進行研究和分析，發現在中國證券市場上，對線下項目的盈餘操縱可以很好地反應中國上市公司的盈餘管理行為。此外，Haw et al.（2005）認為線下項目盈餘管理是中國上市公司主要的盈餘管理策略行為[1]。而 Cohen and Zarowin（2010）發現美國的市

---

[1] Haw et al.（2005）認為，在中國這樣的新興加轉軌市場環境中，相對於應計盈餘管理，線下項目盈餘管理更容易被連續操縱。

场上真实盈余管理（Real Earnings Management）比应计盈余管理更能解释公司供股（或股权再融资）（Seasoned Equity Offerings）后的业绩下滑原因，真实盈余管理是美国上市公司再融资过程中主要的盈余管理策略行为[①]。进一步探讨中国证券市场上在上市公司配股融资过程中的盈余管理行为和策略及政府管制对其监管的效果，具有积极的意义。

因此，本书的第二个研究问题是：中国上市公司在配股融资过程中存在什么样的盈余管理行为和策略，它们对中国证券市场配置效率的影响是否存在差异，同时，政府监管者能否识别并有效抑制上市公司的盈余管理行为和策略。

张祥建、徐晋（2005）和陆正飞、魏涛（2006）等学者认为，盈余管理能解释中国上市公司配股后会计业绩下降原因。盈余管理观点认为，外部股东没有识别出配股公司盈利报告中粉饰的成分（即操纵性应计利润），从而造成对公司的价值错误评估和判断，当操纵性应计利润的反转导致公司配股后业绩下降，外部股东才幡然醒悟，重新评估和判断公司的价值（Teoh, Welch and Wong, 1998）。值得注意的是，盈余管理观点在这里隐含了两个前提条件：其一，内部股东和外部股东存在信息不对称，即外部股东不知道公司的真实业绩和公司的盈余管理行为；其二，操纵性应计利润对公司的真实业绩没有实质性影响，在长期看来操纵性应计利润是服从均值为零的一个残差项，对公司的盈利报告起到粉饰和扰动作用，干扰外部股东对公司价值的判断和评估。显然，如果中国上市公司配股后真实业绩下滑，盈余管理就不能完全解释，这需要寻找其他原因来进行解释。

[①] Graham et al.（2005）通过对美国公司高层管理人员的调查后发现，相对于应计盈余管理，他们更偏好真实盈余管理。因为真实盈余管理不容易被审计师和监管者发现，同时，真实盈余管理更能有效实现他们的动机。

儘管 Berle and Means（1932）及 Jensen and Meckling（1976）等學者指出，如美國、日本等發達國家的代理問題主要集中表現在公司經理人和股東之間的代理衝突，但是，在其他國家，尤其是在新興資本市場國家，公司治理的代理問題主要表現為大股東對中小股東的掏空行為（Tunneling）（Shleifer and Vishny，1997；La Porta et al.，1999；Johnson et al.，2000）。遵循這一邏輯思路進行推論，在中國資本市場上的大股東掏空行為可能更能解釋上市公司的配股業績下滑之謎。

如此，本書的第三個研究問題是：中國上市公司配股後的真實業績是否出現顯著下滑，大股東掏空行為是否比盈餘管理更能解釋上市公司的配股業績下滑之謎。

Stigler（1971）認為管制會帶來相應的成本，使市場中的其他一些組織承擔管制的成本。這種管制的成本可能是一種利益的犧牲，也可能是一種功能的喪失。中國證券市場上市公司的配股融資行為歷來受政府管制，其管制的內容和方式處於不斷的變遷過程中[1]，其中，審計意見在2001年開始明確被證監會強制作為公司申請配股的條件，要求公司如果最近三年財務報告被出具非標準意見，則須對其所涉及的事項進行調整和糾正[2]。在新的管制環境下，由於審計意見從一種隱性的市場制度安排變為顯性的政府管制手段，審計意見的信息內容被強制趨同，其對於監管者和市場投資者而言信息含量可能會受到影響。

由此，本書的第四個研究問題是：中國證券市場上的審計意見在上市公司配股融資過程中是否具有信息含量，從無審計意見管制時期變遷到審計意見管制時期後，審計意見對於監管

---

[1] 在中國，上市公司需申請並得到證監會核准通過後才能進行配股。到目前為止，中國的配股管制經歷了幾次重大的變遷，如從1993年第一部明確關於配股的法規開始，在1994年、1996年、1999年、2001年、2006年都分別對以前的配股管制政策進行了重大修訂。

[2] 具體參見2001年證監會1號令《上市公司新股發行管理辦法》。

者和市場投資者而言其信息含量是否會受到影響。

　　La Porta et al.（2000）和 Shleifer and Vishny（1997）認為，公司治理是保護投資者利益的一套機制。在新興資本市場國家，由於傳統的公司治理機制如董事會制度，加之控制權市場比較薄弱而其作用有限，外部審計在新興資本市場國家具有公司治理的作用（Fan and Wong, 2005）。作為新興資本市場的中國，董事會制度、控制權市場建設的時間比較短，加上誠信的缺乏，中國的公司治理對投資者利益保護的功能非常有限（陳漢文、劉啓亮、餘勁松，2005），並且，外部審計對上市公司的監督治理作用也受到質疑（劉峰、周福源，2007）。而王豔豔、陳漢文（2006）發現國際大型會計師事務所具有高質量的審計，對中國上市公司具有監督治理的作用。周中勝、陳漢文（2008）發現高質量的審計服務會提高行業資源的配置效率，並且餘玉苗（2001）對獨立審計在上市公司治理結構中的作用進行了詳細闡述。那麼，中國大型會計師事務所的審計質量到底怎麼樣呢？如果審計質量界定為審計師對上市公司盈餘管理的抑制，那麼面對不同盈餘管理程度的公司，大型會計師事務所是否會表現出一貫的高審計質量？

　　因此，本書的第五個研究問題是：在中國這樣一個處於經濟轉型期的新興資本市場國家，大型會計師事務所會具有「相機抉擇」的經濟人行為特質從而表現出一貫的高質量審計嗎？

　　DeAngelo（1981）認為，由於審計質量的不可觀察性和昂貴的評估成本以及事務所「準租」的存在，審計失敗給大型會計師事務所帶來的損失巨大，所以，事務所規模是審計質量一個合理的替代變量，並且規模大的事務所意味著審計質量高。但是，Antle（1982）指出，會計師事務所是一個理性的經濟代理人，是公司所有者和經理人這層代理關係中的又一層代理關係，會計師事務所有自己的動機，按照價值最大化原則進行決

策和行動。因此，如果公司的盈餘管理程度高，並且事務所的規模大，獨立性強，事務所具備提供高質量審計的條件，那麼事務所會出於自身價值最大化的動機來對盈餘管理程度高的公司提供高質量的審計。由此，本書預測，面對不同盈餘管理程度的客戶公司，大型會計師事務所可能表現出不同審計質量的一種理性經濟人特質。

1.2 研究內容和結構安排

　　本書將針對中國新興資本市場的政府管制、外部審計與配股融資問題進行理論與經驗研究。由於本書結合中國特殊的配股現象研究中國政府管制的有效性和外部審計的作用，所以本書將突出對中國特殊制度背景的實踐問題進行分析，主要研究政府管制對中國證券市場上配股融資監管的有效性和對外部審計的影響以及外部審計在上市公司配股融資中的作用。因此，本書立足於中國的特殊制度背景，研究中國特色的問題，以期從實際問題出發，從理論上進行分析，並以經驗數據進行檢驗。結合研究問題和研究目的，構建本書的研究框架，如圖1-1所示。

　　本書共分為八章，各章的內容摘要如下：

　　第一章　導論。本章主要介紹論文研究的背景和動機、研究的問題、內容安排和研究方法及主要的學術貢獻和創新。

　　第二章　制度背景和理論分析。本章主要介紹了中國證券市場的制度背景，對中國證券市場的發展和配股管制的背景及審計市場的發展進行梳理，並依據公司治理理論、管制理論和審計理論進行分析。

　　第三章　基於長期業績度量的中國配股管制有效性檢驗。

圖 1-1　研究框架

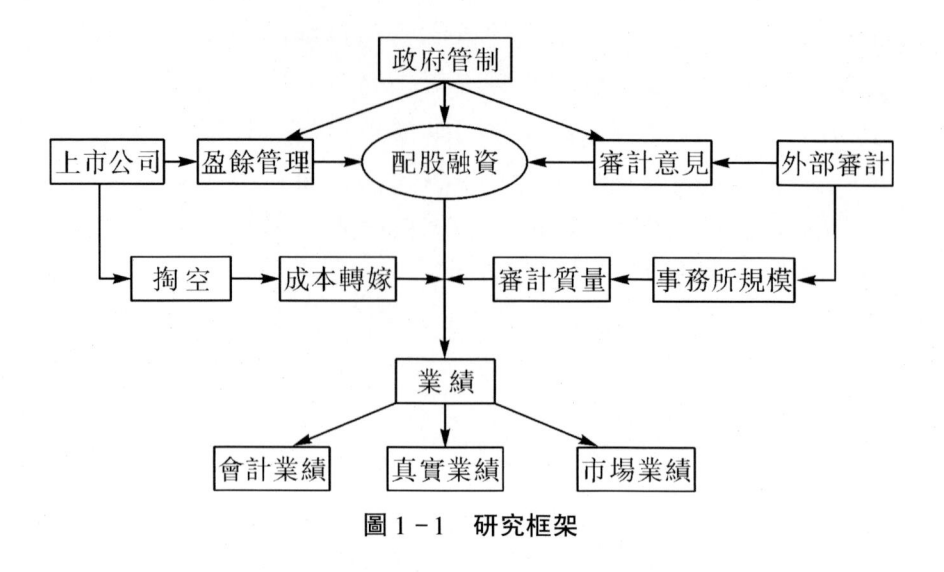

由於配股管制的有效性主要在公司配股後長期業績中表現出來，本章用上市公司的未來業績來系統檢驗中國配股管制的有效性。在具體做法上，把長期業績區分為長期市場業績和長期會計業績並從這兩個角度進行衡量。同時，將配股管制對資源配置效率的作用分為直接和間接兩個方面並據此進行衡量。經研究發現，中國的配股管制總體上是有效的，其直接作用和間接作用都有所體現；進一步的，中國配股管制的直接作用和間接作用都有逐步加強的趨勢，存在隨時間推移的演進效應，同時，中國配股管制的間接作用相對於其直接作用而言表現出一定的柔弱性和緩慢性。這為理解中國的配股管製作用和投資者保護政策提供了新的經驗證據，說明對於一個處於經濟轉型期的新興資本市場國家來說，管制十分必要而又極其重要，並且管制的作用有直接作用和間接作用之分，有效的管制可以推動一個國家的經濟健康穩定地發展。

第四章　配股融資過程中的盈餘管理行為與政府管制有效性。中國上市公司存在應計盈餘管理、線下項目盈餘管理、真

實盈餘管理三種盈餘管理行為。但是，它們在配股融資過程中被採用的頻率並不一致，應計盈餘管理被採用的頻率最高。進一步研究發現，監管者對這三種盈餘管理行為的識別情況也不一樣，只有線下項目盈餘管理和真實盈餘管理能被有效識別，而線下項目盈餘管理最容易被監管者識別。此外，應計盈餘管理、線下項目盈餘管理、真實盈餘管理三種盈餘管理行為對資源配置效率都有顯著的負面影響，其中，線下項目盈餘管理的負面影響程度最大。本章的研究有助於系統地審視中國上市公司的盈餘管理策略行為，也為認識中國配股管制的有效性和中國證券市場改革提供一個有益的視角。

　　第五章　中國上市公司配股業績下滑之理論解釋和實證檢驗。中國上市公司存在「一股獨大」和「一言堂」特徵，這為大股東的掏空行為創造了先天的條件。在中國這樣的特殊制度背景下，採用掏空理論比盈餘管理觀點更能直接解釋中國上市公司配股業績下滑之謎。本章的實證研究結果顯示，公司配股後會計業績和真實業績同時出現了顯著下滑；配股後操縱性應計利潤的反轉會引起公司會計業績出現顯著的下滑，但是對公司配股後真實業績的下滑沒有顯著影響；而大股東轉嫁掏空成本的程度會影響公司配股後真實業績的下滑，不過只有社會法人股性質的大股東轉嫁掏空成本的程度會顯著影響公司配股後真實業績的下滑，而由於受到操縱性應計利潤的干擾，大股東轉嫁掏空成本的程度對公司配股後會計業績下滑的直接影響要打個折扣，在統計上表現不顯著。本章的研究結果表明，中國上市公司配股業績的下滑，不但與盈餘管理有關，而且與上市公司大股東的掏空行為有關，重要的是中國上市公司大股東的掏空行為是造成其配股後真實業績下滑的根本原因。

　　第六章　配股管制變遷與審計意見信息含量。中國的配股管制經歷了從審計意見沒有作為管制內容時期到審計意見作為

管制內容時期的制度變遷。審計意見在上市公司配股融資過程中對於政府監管者和市場投資者具有信息含量；從無審計意見管制時期變遷到審計意見管制時期後，在新的管制環境下，由於審計意見從一種隱性的市場制度安排變為顯性的政府管制手段，審計意見的信息內容被強制趨同，其對於監管者和市場投資者來說不再有信息含量，表現為非標準意見和標準意見在政府監管者的決策上不再有差異化考慮，在配股公司的長期市場業績上不再有顯著差別反應。並且，配股管制的加強使得中國上市公司出現「自選擇」行為，表現為進行配股申請公司的非標準意見數量在配股管制加強後顯著減少。本章的研究為理解中國配股管制的作用和市場仲介組織機構如會計師事務所的功能提供了幫助，同時也說明完善配股管制功能並充分發揮市場仲介組織機構（如會計師事務所）的作用從而推動中國證券市場的發展，成為中國經濟健康和諧發展的保證。

第七章 大型會計師事務所的經濟人行為與審計質量。作為公司組織契約中的經濟代理人，會計師事務所，特別是大型會計師事務所，有動機為了自身效用最大化而對不同盈餘管理程度的公司採取不同質量的審計方法進行審計，從而表現出不一致的審計質量。本章的經驗數據支持這一觀點。本章把配股公司和非配股公司區分為高盈餘管理的公司和低盈餘管理的公司，以此來研究大型會計師事務所的審計質量對這兩類公司盈餘管理的影響。本章的實證研究結果顯示，大型會計師事務所對配股公司盈餘管理的抑制程度要顯著高於其對非配股公司的抑制程度。這說明，大型會計師事務所具有「相機抉擇」的理性經濟人行為，對不同盈餘管理程度的公司採取不同質量的審計方法進行審計，大型會計師事務所的審計質量並非都高。

第八章 研究結論和啟示。本章系全書的研究結論，筆者同時得到了一些啟示。

1.3　學術貢獻和創新

　　本書的特點是立足於中國特殊的配股管制制度背景，研究作為新興資本市場的中國的特色問題，以期從中國證券市場的實際出發，從理論上進行分析，並以經驗數據進行實證檢驗。本書開創性地將中國政府管制對證券市場配股融資的資源配置效率的作用區分為直接和間接兩方面，並從長期市場業績和會計業績進行系統檢驗，全面梳理了中國上市公司配股融資過程中的盈餘管理行為和經濟後果及政府管制對其表現出的監管特性，從會計業績和真實業績兩個維度探索中國上市公司配股業績下滑之謎並尋求理論解釋，再從「決策有用觀」角度闡述中國配股管制變遷對審計意見信息含量的影響，並從「理性經濟人」的角度審視大型會計師事務所的審計質量和行為。本書主要的學術貢獻和創新如下：

　　（1）本書結合中國特殊的制度背景，從會計業績和市場業績兩個方面系統地檢驗中國的配股管制的有效性，同時，把配股管制的作用分為直接作用和間接作用。經研究發現，不但中國的配股管制總體上是有效的，而且中國配股管制的直接作用和間接作用都有所體現，並且，中國配股管制的直接作用和間接作用都有逐步加強的趨勢，存在隨時間推移的演進效應；相對於直接作用而言，配股管制的間接作用表現出一定的柔弱性和緩慢性。

　　（2）中國上市公司的配股融資活動中不但存在真實盈餘管理，而且存在應計盈餘管理和線下項目盈餘管理，三者共同構成了上市公司的盈餘管理策略，這為系統地審視中國上市公司的盈餘管理策略行為提供了新的思路；在中國配股管制背景下，

應計盈餘管理、線下項目盈餘管理、真實盈餘管理三種盈餘管理策略被採用的程度不盡相同，並且，是否能被監管者識別以及被識別的程度也不盡相同，這為中國會計改革和配股管制的演進提供了新的經驗證據和政策啟示；此外，應計盈餘管理、線下項目盈餘管理、真實盈餘管理三種盈餘管理策略對中國資源配置效率的負面影響程度不盡相同，這為中國證券市場改革和健康發展提供了理論指導。

（3）盈餘管理只影響公司的報告盈利，而大股東利用不對稱信息轉嫁掏空成本，這才是公司真實業績下滑的具體原因。採用掏空理論比盈餘管理觀點更能解釋中國上市公司配股業績下滑之謎。

（4）審計意見在上市公司配股融資過程中對於政府監管者和市場投資者具有信息含量到沒有顯著信息含量的變遷，主要基於中國配股管制環境的變化，即：從無審計意見管制時期到審計意見管制時期，審計意見從一種隱性的市場制度安排變為顯性的政府管制手段，為該領域的研究提供了獨特的觀察視角和新的經驗證據。同時，動態考察了審計意見的信息成分在不同管制環境下的表現，這有助於進一步理解其與政府管制兩者在經濟轉型國家的內在邏輯關係。

（5）大型會計師事務所對不同盈餘管理程度的公司出具不同審計質量的報告，大型會計師事務所的審計報告質量並非一貫都高，這與 Antle（1982）把會計師事務所當成經濟代理人的觀點相同，這豐富了對審計質量的研究；針對中國特殊的制度背景，我們發現大型會計師事務所出具的審計報告在整體上沒有表現出更高的審計質量，只是對高盈餘管理的公司表現出高質量的審計；結合中國上市公司特殊的「配股」現象，研究會計師事務所的審計質量對盈餘管理的影響，並以操縱性應計利潤來直接衡量盈餘管理的程度。

第二章
制度背景和理論分析

本章主要介紹了中國證券市場的制度背景，在此基礎上對中國證券市場的發展和配股管制的背景及審計市場的發展進行主要的梳理，並依據公司治理理論、管制理論和審計理論進行分析。

2.1 政府管制和中國證券市場的發展

中國證券市場是在中國經濟轉軌的背景下誕生的。1978年中國進行改革開放，取得舉世矚目的成功（Cao, Qian and Weingast, 1999；Qian and Weingast, 1996）。1984年「飛樂音響」成為中國第一個公開發行股票的股份公司，1986年中國第一個證券交易櫃臺在上海誕生，1987年中國第一家證券公司在深圳營業，這些都為中國證券市場的誕生做好了鋪墊。1990年上海證券交易所以及1991年深圳證券交易所的成立標誌著中國的證券市場建設拉開了序幕。中國證券市場的發展靠政府推動，在成立初期具有「政策市」的特點，但是中國證券市場的成立發揮了巨大的正面作用，推動了中國經濟的市場化改革，加快了國有企業的公司化改革，盤活了中國市場的資本流動。

證券市場同時也是一個監管市場。中國證券市場初期建設的成功與政府的管制有關（Pistor and Xu, 2005b）。1992年國務院證券委員會（以下簡稱國務院證券委）和中國證券監督管理委員會（以下簡稱中國證監會）的成立及1993年《股票發行與交易管理暫行條例》的出拾，初步形成了中國證券市場的監管體系。中國證券市場的發展和中國的經濟改革一樣，經歷了「摸著石頭過河」式的循序漸進的探索，在發展過程中不斷修正和完善。直到1998年，國務院證券委撤銷，其原有的職能並入

中國證監會，此時中國證監會才明確統一對中國證券市場進行監管，這標誌著中國證券市場統一監管體系初步確立。然而，相對於其他轉型經濟國家，中國證券市場建設的成功，法律治理只起到了很小的作用。雖然中國政府在不遺餘力地推動中國證券市場的法制建設，不斷地制定和修訂相關的法律法規來給中國證券市場的發展奠定一個良好的基礎①，但政府管制仍是中國證券市場建設取得成功的主要原因。

政府管制在中國證券市場早期的建設中最明顯的例子是對各個省市的行政區域進行分散化的 IPO（Initial Public Offerings）配額制管理②，同時對 IPO 定價和上市公司的配股定價及配股發行數量都進行了嚴格的管制。管制的盛行，主要是因為法律的不完善和執法力度的欠缺，並且管制在這樣的環境下能替代法院有效地執行法律並通過剩餘立法權的分配彌補法律的缺陷（Pistor and Xu，2003）。如在 IPO 配額制的政府管制中，中國證監會通過這樣的機制可以減少投資者和監管者面臨的信息不對稱問題，以及促使當地政府選擇好的公司進行上市融資。因此，法治不是唯一治理證券市場的手段，並且法治在轉型經濟國家如果缺乏基本的實施條件也會有出現失靈的時候（Xu and Pistor，2004）。特別是在法制不健全、執法機構缺乏經驗並且貪污腐敗盛行的國家，法治失敗的情況更容易發生。因此，政府管

---

① 如1993年中國出抬了第一部公司法，並在1999年和2005年分別進行了修訂；1998年中國出抬了第一部證券法並在2005年進行了修訂。為了推動證券市場的基礎建設，國務院在1992年和2004年分別頒布了《國務院關於進一步加強證券市場宏觀管理的通知》和《國務院關於推進資本市場改革開放和穩定發展的若干意見》（簡稱「國九條」），隨後，國務院在2005年推出了《關於提高上市公司質量的意見》。2006年中國證監會對《上市公司章程指引》進行了修訂，以期提高上市公司在證券市場上的價值創造力。

② IPO 配額制管理，如1989—1992年納入社會信用計劃的規模控制，1993—1995年為「總量控制，劃分額度」，1996—1998年為「總量控制，限報家數」（李東平，2001），依照這些辦法尤其在1993年以後，都給地方下達了 IPO 的規模指標。

制是中國證券市場建設的必然選擇，也是中國證券市場建設中的主要治理手段。

　　成熟的證券市場主要靠法律來治理，這也是成熟的證券市場的一個顯著特徵。新興資本市場國家的證券市場建設，由於其法律基礎設施不健全以及法律環境的缺乏，政府管制是一個次優的選擇和良好的替代。即使在發達國家，如果法治失靈，政府管制也是一個次優的選擇和良好的替代（Glaeser and Shleifer，2003）。Pistor and Xu（2005a）指出，新興資本市場國家移植發達國家成熟證券市場的法律條文到本國不能產生理想的結果甚至失靈的原因是法律條文的不完備和可靠信息的缺乏。由於語言、文化和制度的差異，對發達國家的法律條文的理解會出現偏差，使得從發達國家成熟證券市場移植來的法律條文「水土不服」，並且，新興資本市場國家的法院在法律的執行上缺乏相應的能力而且知識和經驗都不足，使得法律條文的不完備性更嚴重。不管是法律治理還是政府的管制治理，都需要可靠的信息；如果信息不可靠，兩者都會以失敗而告終。在新興資本市場國家，大部分上市公司都是從國有企業轉變而來，會計準則在逐漸完善並向國際準則趨同，但是新興資本市場國家的會計信息的可靠性仍然受到質疑。並且，在新興資本市場國家證券市場建設初期，缺乏對會計信息和公司價值進行鑒證的仲介組織機構如會計師事務所，因此，相對於發達國家的證券市場，新興資本市場國家的證券市場上信息噪音很大。在這樣的環境下，政府管制是必要的，政府可通過行政力量來彌補法律條文不完備及可靠信息缺乏的不足。

　　中國政府意識到法制建設對證券市場發展的重要性，從證券市場建設初期到現在，出抬了相應的法律法規並進行多次修訂，但是中國法制建設的作用似乎是「雷聲大、雨點小」，法制建設收到的效果微乎其微。這可從投資者保護的民事賠償法律

條文中窺見一斑，從 2001 年中國最高人民法院頒發的《最高人民法院關於涉證券民事賠償案件暫不予受理的通知》到 2002 年的《關於受理證券市場因虛假陳述引發的民事侵權糾紛案件有關問題的通知》和《關於審理證券市場因虛假陳述引發的民事賠償案件的若干規定》以及 2005 年修訂的《中華人民共和國證券法》和 2007 年頒布的《最高人民法院關於審理涉及會計師事務所在審計業務活動中民事侵權賠償案件的若干規定》，從民事賠償案件的不受理到受理，從民事賠償法律條文的粗略制訂到不斷細化，以及法律地位的上升和涉及範圍的不斷擴大，這一切都昭示著中國在逐步加強對投資者的法律保護。但是從證券市場的建設伊始到現在，我們看到的關於投資者民事賠償的案件微乎其微。因此，中國證券市場二十年建設的輝煌成就，法律治理對其貢獻小，政府管制對其貢獻大。

2.2 配股管制

中國配股管制的出現和發展歷程，是一部政府和上市公司的博弈史（原紅旗，2002）。在中國證券市場成立之初，為了限制上市公司瘋狂地配股融資和維繫證券市場的健康發展，並把有限的資源投入到好的公司，從 1993 年開始，證券監管部門制定了相關的法律法規來規範上市公司的配股行為。配股管制隨著中國證券市場的發展在不斷地變化，至今，中國的配股管制出現了五次重大的變化[①]，每次重大變化賦予了不同時期不同環境下配股管制不同的內涵和意圖。

---

① 1993 年制定了第一部明確關於配股的法規，1994 年、1996 年、1999 年、2001 年、2006 年分別對以前配股政策進行了重大修訂。

配股管制在中國乃一新生事物,無歷史經驗可借鑑,又無現成例子可學習,面對證券市場成立初期中國上市公司瘋狂的配股融資行為,中國證監會果斷推出了相應的政策法規來限制和規範上市公司的配股融資行為。由於中國的配股管制是一項開創性的工作,證監會對配股管制條款的設置是在嘗試中探索,不斷進行修正和完善。縱觀中國配股管制的發展歷程,可以發現中國配股管制一個明顯的特徵是強調對上市公司會計業績指標的監管[①]。這種以會計業績指標來進行監管容易導致上市公司的盈餘管理和操縱行為(Watts and Zimmerman, 1990)。最明顯的例子是中國的配股管制政策出抬後導致了上市公司業績指標ROE密集於「10%」和「6%」上方的盈餘管理現象(陳小悅等,2000;閻達五等,2001;Chen and Yuan, 2004;Yu, Du and Sun, 2006)。這一現象引起的爭議是配股監管有沒有必要和配股監管到底合不合理。配股管制強調對上市公司會計業績指標數量的監管,而忽視了對上市公司會計業績質量的監管。這種監管的不對稱,使得上市公司瘋狂地進行利潤操縱以達到監管者的業績監管需求,同時導致非標意見的急遽增加(Chen, Chen and Su, 2001)。

配股監管的合理性和有效性備受實務界和學術界的質疑。上市公司希望取消配股管制,以方便其在證券市場上「圈錢」(Money Encircling)(李志文、宋衍蘅,2003)及大股東採取掏空(Tunneling)行為(王良成、陳漢文,2008;張祥建、徐晉,

---

[①] 證監會對上市公司配股融資會計業績指標的政策要求:1993 年的政策要求連續兩年盈利;1994 年政策要求最近三年平均 ROE 達到 10%;1996 年的政策要求連續三年每年的 ROE 必須達到 10%;1999 年的政策要求最近三年 ROE 平均在 10% 以上但每年不低於 6%;2001 年的政策要求加權平均淨資產收益率平均不低於 6%,2006 年的政策要求最近三個會計年度連續盈利,並且 2001 年的政策和 2006 年的政策都要求,扣除非經常性損益後的淨利潤與扣除前的淨利潤相比,以低者作為計算依據。

2005）。學術界則認為配股管制存在不合理性並且無效（吳文峰等，2005），而且還扭曲了證券市場正常的融資行為和秩序①，引發了大量的盈餘管理行為（黃少安、張崗，2001；陳小悅等，2000；閻達五等，2001；Yu, Du and Sun, 2006）。其中，最受爭議的是配股管制引發了大量的盈餘操縱行為，原因是配股管制管制了上市公司的盈利，但管制不了上市公司盈餘操縱的動機。這與中國證券市場的整體環境和經濟改革的部分私有化有關。一方面是中國上市公司的融資渠道狹窄，中國的債券市場不發達、流動性差，並且國家對上市公司發行債券的條件要求非常苛刻並限定在特定行業的國有大型上市公司，因此，選擇股權再融資②對許多上市公司來說是比較好的選擇，並且，保持一定的盈利業績進行配股融資是上市公司最重要的任務之一；另一方面則與中國經濟改革的部分私有化有關。

在計劃經濟時期，中國的國有企業直接從政府得到財政撥款然後再上繳利潤。在20世紀80年代，中國已經進行了改革開放，國有企業以交稅的形式代替了原來的直接上繳利潤，同時，國有企業通過向銀行貸款的形式進行融資，這一舉措減輕了政府的財政負擔並且使得企業更關心企業資金的使用，但不幸的

---

① 例如，Myers（1984）的優序融資理論「先內部融資後外部融資、先債權融資後股權融資」（「Pecking Order Theory」）在中國不成立，中國上市公司存在強烈的股權融資偏好，融資順序表現為「先股權融資，後債權融資」（黃少安、張崗，2001）。

② 股權再融資（Seasoned Equity Offerings，簡稱 SEO）包括配股（Rights Offerings）和增發（General Offerings）。中國證券市場在建立伊始就有了配股，直到1998年中國證券市場才推出了增發。

是帶來了「三角債」① 問題。另外，在20世紀90年代，中國對公司上市進行配額制管理，這使得許多公司在證券市場上得到的資金數量不夠。國有企業上市後業績出現惡化，一方面緣於公司治理的不完善②，另一方面是因為經營環境不好，操縱性應計利潤反轉以及中國審計師的獨立性差（Aharony, Lee and Wong, 2000; Wang, Wong and Xia, 2008）。因此，為了維持公司的營運、保住上市資格③以及擴大公司的經營範圍，上市公司需要在證券市場上進行融資。由於中國上市公司的代理問題比較嚴重，上市公司沒有壓力和動機去發放現金股利（杜沔、王良成，2006），加上中國證券市場上的投資者比較稚嫩，缺乏經驗（Bailey, 1994），不能看穿上市公司的盈餘管理行為，並且，中國對投資者的法律保護不夠（劉啓亮、李增泉、姚易偉，2008；沈藝峰、許年行、楊熠，2004；王良成、陳漢文，2009；王豔豔、於李勝，2006），因此，上市公司為了配股融資而進行盈餘管理的現象就比較盛行。

　　配股管制中存在對上市公司盈利監管不對稱的問題，基於此，中國證監會2001年出抬了新的配股管制政策。證監會在2001年出抬的新的配股監管條款中，加強了對非標意見的審核，明文規定進行配股申請的上市公司最近三年財務報告被出具非標意見的須進行說明，並採取措施對所涉及事項進行糾正和調

---

　　① 「三角債」是人們對企業之間超過托收承付期或約定付款期應付而未付的拖欠貨款的俗稱。20世紀90年代初，它突然成為中國、俄羅斯、東歐諸國經濟發展中的一個障礙。在中國，「三角債」其實早在20世紀80年代中後期就開始形成，1985年中央政府開始抽緊銀根後，企業帳戶上「應收而未收款」與「應付而未付款」的額度就大幅度上升。在1991－1992年間，「三角債」的規模曾發展到占銀行信貸總額三分之一的地步。

　　② 雖然中國頒布了一系列的法律法規來加強公司治理，但是國有上市公司對原來的經營管理方式並沒有進行多大改善。

　　③ 《中華人民共和國公司法》規定，如果上市公司連續三年虧損，則暫停其股票交易或取消其上市資格。

整以消除不良影響。配股監管環境的變化帶來什麼反應，特別是上市公司、市場投資者、監管者對配股監管環境變化的反應是值得我們去研究的。

中國配股管制的發展趨勢是逐漸走向合理、完善，管制內容從單一走向豐富，從剛性監管走向柔性監管，並根據現實環境不斷地進行調整，以期加強對投資者的保護和優化資源配置。目前的配股管制政策更加體現監管系統化、柔性化和科學化等特徵，監管內容主要包括對上市公司的組織機構、公司治理、盈利能力、財務狀況和經營活動的合法性及募集資金用途的合理性等進行監管，強調上市公司的現金分紅政策和企業的社會責任如環境保護[①]（證監會，2006）。企業的社會責任與上市公司的價值相關性在中國也得到了初步的實證檢驗（李正，2006）。因此，在理論研究的指導和政府的推動下，中國的配股管制在保護投資者利益和優化資源配置方面將起到更大的作用。

2.3　中國審計市場的發展

中國審計市場的發展[②]是以政府的行政力量推動為主導。行

[①] 2008年8月中國證監會要求並確定再融資公司最近3年以現金或股票方式累計分配的利潤從原來的不少於最近3年實現的年均可分配利潤的20%提高到30%。國家環境保護總局分別在2003年和2007年頒布《關於對申請上市的企業和申請再融資的上市企業進行環境保護核查的通知》、《關於進一步規範重污染行業生產經營公司申請上市或再融資環境保護核查工作的通知》，加強對申請再融資公司的環境保護監管。

[②] 中國審計市場的發展與中國註冊會計師的發展關係非常密切，兩者的發展歷程和制度變遷大同小異。劉明輝、汪壽成（2008）根據中國註冊會計師制度變遷過程，把中國改革開放三十多年來中國註冊會計師的發展過程分成恢復起步、初步確立、規範發展和趨同提高四個階段。

政主導是中國審計市場的一個基本性質和特徵（韓洪靈，2006）。雖然中國的經濟改革在逐漸走向市場經濟模式，但是市場經濟體制在現實的經濟活動中起到的作用有限。相對於發達經濟國家，中國的審計市場和行業發展由政府來管理和推動（Chen, Su and Zhao, 2000）。中國政府通過制訂審計準則並下設中國註冊會計師協會直接監管會計師事務所的營運情況，以期提高中國會計師事務所的審計質量，但是，中國的會計師事務所的獨立性和上市公司財務報表信息質量仍然受到質疑[1]（廖義剛、王豔豔，2008；Wang, Wong and Xia, 2008）。

  1918年，著名會計學家謝霖先生創辦了中國的第一家會計師事務所——正則會計師事務所。謝霖先生也是中國的第一位註冊會計師。其後許多國際會計師事務所如普化會計師事務所（Price Waterhouse）來中國執業，到1947年中國有3,356個註冊會計師。1949年中華人民共和國成立後，由於開始實行社會主義計劃經濟制度，當時的經濟活動不再需要審計，1962年審計在中國完全被廢除（Gensler and Yang, 1996）。1979年進行改革開放後，中國的經濟開始走向市場經濟之路，外國投資的增長需要外部審計師來審核稅收的徵收情況。1981年1月，中華人民共和國成立後的第一家會計師事務所——上海會計師事務所在上海成立，同年，國際會計師事務所——安永（Ernst & Young）成為最早獲中國政府批准在北京設立辦事處的國際專業服務公司之一。1988年12月，財政部設立了其下屬單位中國註冊會計師協會[2]，其主要職能是制訂準則和監管協調全國註冊會計師考試的統一管理。

---

  [1] 中國註冊會計師被指責和上市公司一起合謀做高上市公司的利潤（《解放日報》，1999年9月21日）。根據市場調查，在被調查的投資者中有81.94%的人認為上市公司報告的利潤不可信（《證券時報》，1999年5月29日）。
  [2] 中國註冊會計師協會具有半政府和半行業協會的性質。

隨著公司化改革和上海、深圳兩個證券交易所的建立，中國政府也意識到中國證券市場需要外部審計。1995年中國財政部根據國際審計準則頒布了中國第一批《獨立審計準則》以期提高中國審計市場的獨立性[①]。DeFond, Wong and Li（2000）經研究發現，中國第一批《獨立審計準則》頒布後，中國審計市場的獨立性顯著提高，特別是大型會計師事務所的審計獨立性得到顯著提高，但是大型會計師事務所的市場份額卻顯著下降，因此出現了大型會計師事務所的審計獨立性顯著提高與其市場份額顯著下降相互背離的現象。中國財政部和證監會為了推動《獨立審計準則》的執行，強制規定上市公司的年報必須經指定的會計師事務所按照《獨立審計準則》進行審計。到1997年底，有105家會計師事務所具有審計上市公司財務報表的資格。[②] 具有證券、期貨相關業務許可證的會計師事務所受中國財政部和證監會監管，如果這些事務所違反了基本的審計準則，財政部和證監會有權吊銷它們的營業執照。在1997年底中國的上市公司只有740家，相對於105家具有證券、期貨相關業務許可證的會計師事務所的陣容，中國審計市場呈現出「僧多粥少」的過度競爭的局面，平均每家會計師事務所的上市公司客戶不到10家。集中度低的審計市場會損害會計師事務所的獨立性（DeAngelo, 1981；劉明輝、李黎、張羽, 2003）。

由於資金缺乏，以前成立的會計師事務所就掛靠在原有的事業單位。被掛靠的事業單位大概有三種類型：政府、高等院校和國際會計師事務所。在1996年底，掛靠在政府的會計師事務所占了75%以上的市場份額，這和政府想保持對經濟的控制有關（Hao, 1999）。並且，掛靠在政府的會計師事務所，其掛

---

① 第二批、第三批《獨立審計準則》分別在1996年和1999年頒布。
② 由於會計師事務所合併及中天勤等會計師事務所的倒閉，到2007年具有證券、期貨相關業務許可證的會計師事務所為73家。

靠單位絕大多數是財政部、審計署在各地的辦事處。中國的會計師事務所規模仍然比較小而且缺乏執業經驗。到1997年底，大概有62,000名會計師審計上市公司的財務報表，其中有1,000名會計師具有註冊會計師資格。而這種掛靠在事業單位的組織結構會影響會計師事務所的獨立性，因此，中國註冊會計師協會從1997年起開始進行全行業的大規模清理整頓。1998年起事務所實行脫鉤改制，105家具有證券、期貨業務審計資格的事務所須於1998年底完成，其他事務所也應於1999年底完成。與原事業單位脫離關係後，會計師事務所以合夥制或有限責任制的形式組建新的組織結構。

  DeAngelo（1981）認為由於規模大的會計師事務所客戶數多，審計失敗帶來的損失比小型會計師事務所大，大型會計師事務所有更大的動機保持審計的獨立性，因此大型會計師事務所的審計質量比小型會計師事務所高。Dopuch and Simunic（1980）認為，大型會計師事務所更願意投入更多資源提高審計質量。中國政府也意識到會計師事務所做大做強的必要性，會計師事務所做大做強，一方面可以提高事務所的審計質量，另一方面可以提高事務所與國際大型會計師事務所競爭的實力。從1998年以來，中國發布了一系列推動會計師事務所擴大規模的政策規定，尤其是2000年3月財政部發布的《會計師事務所合併審批管理的暫行辦法》、《會計師事務所擴大規模若干問題的指導意見》及2000年6月由財政部和證監會聯合發布的《註冊會計師執行證券、期貨相關業務許可證管理規定》，大大推動了事務所的合併進程。直到現在，會計師事務所做大做強，仍然是中國審計市場發展的重要戰略[①]。

  2001年8月「銀廣夏」事件，使得國內註冊會計師的獨立

---

  ① 如2007年5月中國註冊會計師協會發布《關於推動會計師事務所做大做強的意見》。

性和信譽出現危機，其執業質量備受質疑。面對證券市場會計信息嚴重失真的問題，2001年12月30日，中國證監會頒布《公開發行證券的公司信息披露編報規則第16號——A股公司實行補充審計的暫行規定》（簡稱「16號文」）。規定要求，公司在首次公開發行股票並上市或在證券市場進行配股或增發時，需要聘請國內事務所和國際事務所進行雙重審計。顯然，國內事務所的審計質量，監管部門和市場都不太相信了，所以同時選擇一家國際事務所進行補充審計。此規定一出，一石激起千層浪，國內的註冊會計師紛紛強烈反對，質疑其「公平性」、「合法性」和「可操作性」。實業界的反對程度之高，超出了監管層的預料。恰巧這個時候美國爆發「安然事件」。2001年12月2日，美國安然公司（Enron）向紐約破產法院申請破產保護，創下當時美國歷史上最大宗的公司破產案紀錄。由於國內的媒體報導滯後，人們是在16號文頒布後才開始討論國際五大事務所的審計質量問題。由於安然事件的影響和業界的強烈反對，2002年2月28日中國證監會頒布了《關於2002年A股公司進行補充審計試點有關問題的通知》，就16號文有關內容做出具體修訂，實際上監管層做出了讓步，相當於判了16號文的「死刑」。

2001年12月24日證監會頒布了《公開發行證券的公司信息披露規範問答第6號——支付會計師事務所報酬及其披露》，要求上市公司在年報披露支付給會計師事務所的報酬。此政策的出抬，不但揭開了中國上市公司審計收費的神祕面紗，為審計收費的研究提供了經驗數據，而且還規範了上市公司的信息披露行為，遏制事務所之間低價攬客的惡性競爭行為，提高了審計師的獨立性。但是中國對審計收費的實證研究沒有統一的結論，伍利娜（2003），朱小平、餘謙（2004），漆江娜等（2004）和陳冬華、周春泉（2006）等研究發現，在中國的審計

市場上事務所規模存在顯著的審計溢價。而劉斌等（2003），李爽、吳溪（2004），李補喜、王平心（2005），張繼勛、徐奕（2005）等紛紛發現，在中國過度競爭的審計市場上事務所規模不存在顯著的審計溢價。

美國安然、世通等公司的會計醜聞促使美國證監會在 2002 年制定了《大眾公司會計改革和投資者保護法》（即《薩班斯·奧克斯利法案》）。該法案的第 2 章第 203 節強制要求實施審計的合夥人進行輪換，並且連續任期不得超過五年。該法案的出抬旨在提高會計師事務所的審計獨立性和審計質量。借鑑美國的做法，2003 年 10 月 8 日，中國證監會和財政部聯合發布《關於證券期貨審計業務簽字註冊會計師定期輪換的規定》。規定要求，自 2004 年 1 月 1 日起，簽字註冊會計師或審計項目負責人連續為某一機關或機構提供審計服務不得超過五年，即簽字註冊會計師或審計項目負責人的任期為五年，達到五年的需進行強制性輪換。而夏立軍、陳信元、方秩強（2005）和餘宇瑩、劉啓亮、陳漢文（2008）發現，隨著簽字會計師任期的延長，審計質量並沒有明顯下降。對於上市公司變更審計師是否有損會計師事務所的獨立性，目前的實證研究結論不一致（陳武朝、張泓，2004；劉偉、劉星，2007；吳聯生、譚力，2005；楊鶴、徐鵬，2004）。

2004 年 10 月中國註冊會計師協會頒布《審計風險準則徵求意見稿》，2006 年財政部頒布《中國註冊會計師審計準則》，這些標誌著風險導向型審計在中國得到正式運用，特別是 2007 年最高人民法院《關於審理涉及會計師事務所在審計業務活動中民事侵權賠償案件的若干規定》的頒布，強調了審計師的民事責任和訴訟風險。目前關於中國審計風險和風險導向型審計的規範研究比較多，但是缺乏實證研究。一方面，中國上市公司的信息披露有待進一步規範，有充分的經驗數據可以對中國上

市公司的審計風險進行精確的度量，另一方面，理論研究工作者和業界實踐工作者需要加強互動，以推動中國在這方面的實證研究。

2.4　本章小結

本章概述了中國證券市場的發展、配股管制的來源和發展及審計市場的發展，並從公司治理理論、管制理論和審計理論的角度結合已有的研究進行闡述。從上文的分析可知，中國的經濟改革是在政府推動下進行的，在中國證券市場的發展和審計市場的發展過程中我們可以看到政府的主導作用，說明管制在像中國這樣一個處於經濟轉型時期的國家乃歷史的必然，也造就了改革開放後中國經濟建設的輝煌成就，而這個轉型到底需要多久才能使中國邁入有效的成熟的市場經濟國家之列，這需要時間來檢驗，更需要中國市場基礎建設的不斷推進和加強。

第三章
基於長期業績度量的
中國配股管制有效性檢驗

本章從長期市場業績和會計業績角度驗證中國配股管制在資源配置效率上的有效性，具體從配股管制的直接作用和間接作用進行實證檢驗。實證研究結果表明，中國配股管制總體上是有效的，存在著隨時間推移的演進效應，較之配股管制的直接作用，間接作用表現出一定的柔弱性和緩慢性。

3.1　引言

不久前爆發的全球金融危機凸顯了金融管制的重要性和時代使命。保護投資者利益和優化資源配置乃金融管制的重中之重。配股管製作為金融管制的一項重要內容在中國由來已久，並且管制內容歷經多次修訂，研究配股管制對於中國有效進行證券市場資源配置具有重要的理論意義和實踐意義。

在中國證券市場成立之初，為了限制上市公司瘋狂配股融資，保證證券市場健康發展以及優化其配置功能，從 1993 年開始，證券監管部門制定了相關的法律法規來規範上市公司的配股行為。由此，配股管制在中國證券市場上應運而生，成為全球金融市場上一道獨特的「管制風景線」。配股管制隨著中國證券市場的發展在不斷地變化，至今，中國的配股管制出現了五次重大的變化①，每次重大變化都賦予了不同環境下配股管制不同的內涵和意圖。那麼，這是否意味著每次變化都是對前一次的修正和完善，又是什麼原因促使配股管制發生變化以及帶來什麼後果，這都是亟待研究的重大課題。

對配股管制爭議比較多的是，配股管制是否會扭曲證券市

---

①　從 1993 年制定第一部明確關於配股的法規開始，1994 年、1996 年、1999 年、2001 年、2006 年分別對以前配股政策進行了重大修訂。

場正常的融資行為和秩序，特別是以會計業績指標進行監管是否會導致上市公司的盈餘管理和操縱行為（Watts and Zimmerman, 1990）。陳小悅等（2000）、閻達五等（2001）和 Yu et al.（2006）發現中國的配股管制導致了上市公司 ROE 密集於「10%」和「6%」上方的盈餘管理現象。但是，Chen and Yuan（2004）、Haw et al.（2005）和 Yang and Su（2008）發現中國的配股管制可以起到優化資源配置的作用，並且，王正位等（2006）發現配股管制還是有效的，配股管制比沒有配股管制好，而吳文鋒等（2005）經研究發現中國配股管制不合理並且是無效的。

上述分歧的存在，主要是研究視角和方法不同所致。從現有的文獻看，主要存在兩大研究視角：

其一，從盈餘管理視角來分析中國配股管制的有效性。如陳小悅等（2000）、Jian and Wong（2010）發現中國的配股管制直接導致上市公司為了獲得配股權進行瘋狂的盈餘管理。然而，配股管制並不是再融資過程中發生盈餘管理的唯一原因，換言之，即使沒有配股管制也會在再融資過程中發生盈餘管理，如 Teoh et al.（1998）和 Rangan（1998）發現，在美國這樣沒有設置融資管制的成熟市場上，上市公司為了再融資同樣會進行盈餘管理。

其二，從長期業績的視角來分析中國配股管制的有效性。由於配股募集資金的使用效益需要在未來一定時間才能得到體現，因此，採用長期業績衡量配股資金的使用效益，進而驗證配股管制的有效性，是一個普遍認可的研究視角（Loughran and Ritter, 1997；吳文峰等, 2005；王正位等, 2006）。

吳文鋒（2005）和王正位等（2006）的研究，雖然從長期業績驗證中國配股管制的有效性，但是其各自不同的研究方法導致了不同的結論。並且，他們在研究方法上存在共同缺陷，

僅比較不同管制期間配股申請成功的公司的業績差異，沒有考慮配股管制的直接作用和間接作用及兩者之間的區分和比較[①]，因此，他們的研究不足以證明中國配股管制的有效性。Chen and Yuan（2004）從長期會計業績角度論證了中國配股管制的有效性和演進效應，然而，未能從長期市場業績角度進行論證，此外，他們僅論證了配股管制的直接作用，也沒有與配股管制的間接作用進行區分和比較。

　　上述爭議的存在和研究上的缺陷，意味著需要進一步對中國配股管制的有效性進行研究，從配股管制的直接作用和間接作用兩個層面進行系統的論證。因此，本章以長期業績[②]為視角，對中國配股管制的直接作用和間接作用的有效性及其演進效應進行系統驗證和分析，以期推進該領域的研究。本章基於手工收集的1999—2000年和2001—2002年這兩個管制時期[③]提出配股申請議案的上市公司的相關信息進行研究，結果顯示中國的配股管制在這兩個時期總體上是有效的，配股管制的直接作用和間接作用都得到了體現。並且，中國配股管制的直接作

　　[①]　在配股管制下有配股申請成功的公司和失敗的公司，並且配股管制的作用有直接和間接之分，具體參見第二部分的論述。
　　[②]　本章的長期業績包括長期市場業績和長期會計業績。
　　[③]　「1999—2000年和2001—2002年兩個管制時期」，是基於1999年和2001年中國證監會分別對配股管制進行了重大修訂而言的，因此，「1999—2000年管制時期」是指1999年配股管制修訂後的時期，「2001—2002年管制時期」是指2001年配股管制修訂後的時期，在下文分別稱為「前管制時期」和「後管制時期」。本章之所以選擇1999—2000年和2001—2002年兩個配股管制時期進行檢驗，主要基於以下三點：第一，相對於1999—2000年管制時期，2001—2002年管制時期加強了對配股申請公司的治理結構和盈利質量的監管，如對公司內部控制和非正常損益的關注，對這兩個管制時期的檢驗，一方面可以在Chen and Yuan（2004）和Haw et al.（2005）的基礎上豐富關於中國配股管制有效性的研究，另一方面可以檢驗2001—2002年時期的配股管制是否更為有效；第二，1999—2002年是中國上市公司經歷了配股高峰期到下降的期間，上市公司配股情況的變化是否與管制內容的變化有關，需要考證；第三，選擇1999—2000年和2001—2002年兩個管制時期，是為了讓研究具有對稱性，使本章的結論更為嚴謹。

用和間接作用都有逐步加強的趨勢，存在隨時間推移的演進效應。

　　本章的貢獻：①結合中國特殊的制度背景，從長期業績的視角系統地檢驗中國配股管制在 1999—2000 年和 2001—2002 年這兩個時期的有效性；②把配股管制的作用具體分為直接作用和間接作用，研究發現，不但中國的配股管制在這兩個時期總體上是有效的，而且中國配股管制的直接作用和間接作用都有所體現並有逐步加強的趨勢，存在隨時間推移的演進效應；③研究發現，相對於配股管制的直接作用而言，配股管制的間接作用表現出一定的柔弱性和緩慢性。本章的研究為理解中國的配股管製作用和投資者保護提供了幫助。

3.2　理論分析和研究假設

　　管制由於市場的失靈、法制的不健全而存在。中國是一個典型的轉型經濟國家，正由計劃經濟向市場經濟轉變，法律基礎還比較薄弱，由於特有的歷史文化傳統和現實因素，管制無處不在。中國的經濟改革走的是「摸著石頭過河」式的循序漸進的市場經濟建設之路。這使得中國經濟騰飛成為奇跡。中國的這場國有企業股份制改革之路取得舉世矚目的成就，部分歸功於管制（Sun and Tong, 2003）。而中國的改革並非一蹴而就，公司的治理結構、經營環境和投資者保護環境相對於發達國家仍然不夠完善，這樣的新興市場存在的代理問題非常嚴重（La Porta et al., 1998）。當市場失靈、法制不健全以及公司治理結構不完善的時候，管制就顯得非常必要而且極其重要。Pistor and Xu（2005）認為，相對於其他轉型經濟國家，中國股票市

場初期建設的成功與政府對公司上市名額進行配額制的分散化金融管制有關。提倡對金融市場進行管制的學者認為，金融市場上存在諸如侵占股東利益等問題，採用法律手段又不能有效解決，因而管制可以成為有效的治理手段。Glaeser et al. (2001) 比較分析了 20 世紀 90 年代波蘭、捷克和匈牙利三個轉型經濟國家金融管制和證券市場發展的關係。他們發現：波蘭證券市場的高速發展與其嚴厲而又全面的管制有關；相反，捷克由於鬆散的管制，其證券市場萎靡不振，侵害股東的行為非常猖狂，致使捷克在 1996 年後開始加強對證券市場的管制；匈牙利金融管制和證券市場發展程度居於兩者之間。

　　新興加轉軌的雙重特徵，導致在中國證券市場上政府行為對資源配置具有重要影響（夏立軍、方秩強，2005），這種影響本質上就是管制。中國證券市場從 1993 年開始，為了限制上市公司瘋狂的配股融資行為並確保證券市場的健康發展，相關部門制定了相關的法律法規來規範上市公司的配股行為。其管制的目的是讓市場上有限的資源流向好的公司從而保護投資者的利益，推動中國經濟的發展。管制的內容主要包括公司治理結構、財務會計業績指標、公司經營狀況、投資項目的審核等一系列配股條件和配股程序。據此限制和規範上市公司的配股行為，使好公司可以在證券市場上募集資金進行更好的發展。根據以上分析，我們認為，中國證監會對中國上市公司的配股管制在中國這樣的特殊制度環境下是有效的，由於管制的作用要通過公司未來的業績體現出來，我們用公司的未來業績來反應中國配股管制的有效性。這具體表現為：其配股申請通過證監會核准的公司（簡稱「通過組」）的未來的業績要好於被證監會拒絕的公司（簡稱「拒絕組」）。因此，本章的假設 H1 為：

　　H1：其配股申請通過證監會核准的公司的未來的業績要好於被證監會拒絕的公司。

中國的配股管制從出現到現在已有十多年的歷史，其中就經歷了五次重大的變化，不同的管制時期有不同的管制內容和特點。Chen and Yuan（2004）發現，中國上市公司的配股管制存在學習效應，監管者的管制能力會隨著知識和經驗的累積而不斷提高。因此，我們按不同的管制時期對配股管制的有效性進行檢驗，看在不同的管制時期是否存在差異以及後期的管制是否比早期的管制更有效。

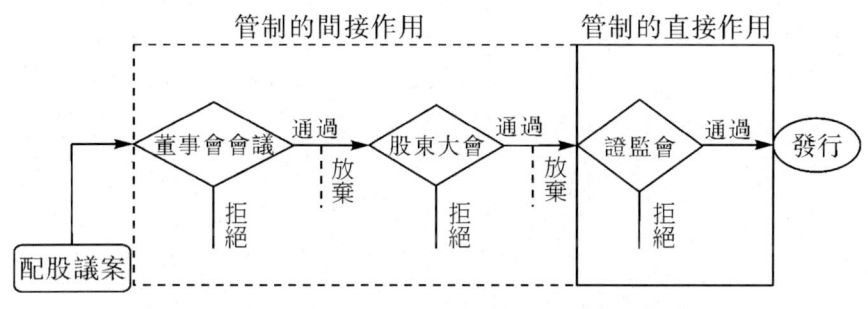

圖 3-1　中國對上市公司配股管制的流程圖

管制的作用有直接和間接之分。直接的管製作用表現為：監管者直接對提出配股申請的上市公司嚴格按照既定條件和程序進行審核和區分[①]（如圖 3-1）。間接的管製作用分兩種情況：一種情況是監管者鑒於管制不力的後果會在審核過程中考慮其他因素的影響，這些額外的因素無明文規定，監管者亦心領神會默認其存在，被稱為「隱性契約」，如中國證監會 IPO（Initial Public Offerings）的遴選管制會考慮到各地區公司醜聞的頻率和投資者因醜聞所受損失的嚴重程度（陳冬華等，2008）；

[①]　根據中國證監會的規定，需要申請配股的上市公司首先將配股申請議案提交到董事會會議上進行討論表決，配股議案被表決通過後隨即發出召開股東大會的通知並報告證券交易所；配股議案在股東大會上被表決通過後，須隨即進行公告同時按照中國證監會的規定編製申請文件並提交到證監會供審核；配股申請經證監會核准後，須隨即進行公告並做好配股發行工作。

另外一種情況是上市公司在提出配股議案後，考慮到管制的影響有時候會主動放棄配股申請①。本章將研究管制間接作用的後一種情況，如圖3-1，具體表現為：主動放棄配股申請的公司（簡稱「放棄組」），其未來業績是否與通過組存在差異，由於管制的間接作用其未來業績是否比通過組差，這有待於實證檢驗。因此，本章提出一個備擇假設H2：

H2：其配股申請通過證監會核准的公司的未來的業績要好於主動放棄配股申請的公司。

同時，我們也檢驗配股管制的間接作用在不同管制時期的表現情況，看在不同的管制時期是否存在差異，看後期的管制是否比早期的管制更有效。

3.3 數據樣本和研究方法

3.3.1 數據樣本

中國的配股管制經歷了五次重大變化，我們選取在1999—2000年和2001—2002年②這兩個不同管制時期進行配股申請的公司作為樣本檢驗本章的假設。我們之所以選取這兩個時期，一是考慮數據的可獲得性，二是因為在2001年新的配股政策頒布後中國上市公司的配股家數急遽下降，雖然新的政策對公司

---

① 根據圖3-1，本章的主動放棄配股申請指的是上市公司提出的配股議案被董事會會議或股東大會拒絕或放棄。

② 1999年3月和2001年3月中國證監會分別對以前的配股政策進行了重大修訂。

配股的業績指標要求有所下降①，但是上市公司實際配股家數從 2000 年最熱年度的 176 家下降到 2001 年的 84 家，2002 年為 20 家，下降了一半多，其前後具體原因值得探討。

我們選取樣本的依據是：凡是上市公司在董事會上提出了配股議案，就被視為該上市公司當年進行了配股申請，這樣得到最初樣本的觀察值 764 家；如果配股議案在申請過程中進行了延期，我們只把最近一次的配股議案作為樣本觀察值；如果配股議案在董事會會議上被拒絕或放棄②，或者被其他類型的融資方案（如增發、可轉債等）代替而放棄，或者配股議案在股東大會上被拒絕，我們視該配股議案被上市公司自動放棄（簡稱「放棄組」）；如果上市公司的配股議案得到中國證監會的核准並進行了公告，我們視該配股議案被證監會審核通過（簡稱「通過組」）；如果配股議案沒有被公告通過或者放棄，我們視該配股議案被證監會拒絕（簡稱「拒絕組」）；另外，本次配股與前次發行間隔一個完整的會計年度，樣本觀察值為非金融類公司。最後，我們得到的樣本觀察值為 583 家。其他數據均來自於 CSMAR 和 WIND 數據庫。

3.3.2 研究方法

由於管制的作用要通過公司未來的業績體現出來，因此，我們用公司的未來業績檢驗中國配股管制的有效性。這需要我們對通過組、拒絕組和放棄組三組公司的未來業績進行比較分

---

① 1999 年的配股政策對上市公司申請配股的業績要求是最近三年的淨資產收益率平均在 10% 以上；2001 的配股政策對上市公司申請配股的業績要求是最近三個會計年度加權平均淨資產收益率平均不低於 6%。

② 在我們的樣本期間，我們沒有發現在董事會會議上提出的配股議案被拒絕，只是後來因各種原因對原來的議案進行了修訂或放棄；而我們發現在股東大會上配股議案被拒絕的概率約為 2%，其在 1999—2000 年配股管制期間和在 2001—2002 年配股管制期間配股議案被股東大會拒絕的概率分別約為 1% 和 4%。

析；同時，我們還需要比較不同配股管制時期的三組公司的未來業績。本章的未來業績包括市場業績和會計業績。

1. 市場業績的度量方法

根據 Fama（1998）的分析，在計算長期市場業績的時候容易導致「Bad-Model Problem」，並且不同的計量方法導致的「Bad-Model Problem」程度不同，他認為採用價值加權法比採用平均加權法計算市場業績要好，採用累計超常月收益率（Cumulative Monthly Abnormal Returns，CAR）比採用持有超常月收益率（Buy-and-Hold Monthly Abnormal Returns，BHAR）衡量長期市場業績要好。因此我們採用 CAR 來衡量長期市場業績[1]，同時，我們採用價值加權法和月收益率來計算長期市場業績，並以當月市場的收益率作為基準進行調整[2]。

$$CAR_{im} = \sum R_{im} - \sum R_{mm} \qquad (1)$$

式（1）中的 R_{im}、R_{mm} 分別表示個股和市場的月收益率，我們以此來衡量樣本公司在配股議案公告[3]後三年的市場業績表現。並且，為了控制異常值的影響，我們進行 1% 水準的 Winsorize 處理。

2. 會計業績的度量方法

由於以淨利潤計算的財務業績指標（如淨資產淨利潤率和總資產淨利潤率）容易被操縱（Chen and Yuan, 2004；Yu et

---

[1] 而 Conrad and Kaul（1993）認為，採用 CAR 衡量長期市場業績時，會出現向上或向下的偏差。因此，我們也採用 BHAR 進行了穩健性分析，得到的結論相似。

[2] Fama（1998）認為採用 CAPM（Capital Asset Pricing Model）計算超額回報率的有效性比其他模型的要差，並且多數研究也表明採用 CAPM 計算超額回報率的表現並不比用市場收益率計算超額回報率好，我們直接將市場月收益率作為基準計算超額回報率。而在王正位等（2006）的研究中用日收益率來計算長期市場業績，這與一般採用月收益率計算長期市場業績的做法不同，值得商榷。

[3] 我們選擇配股議案第一次公告的日期為事件日，即董事會決議公告配股議案的日期。我們認為市場會在配股議案的第一次公告時對其信息含量進行解讀，市場會對不同組的配股申請公司做出不同的反應。

al.，2006），我們採用總資產營業利潤率 ROA（Return on Assets）（即營業利潤除以總資產）來衡量樣本公司的會計業績。為了控制行業和年度因素的影響，同時由於會計業績指標一般不服從正態分佈，我們參照 Chen and Yuan（2004）的方法，用當年行業會計業績的中位數對樣本公司的會計業績進行調整。

$$\text{ROA\_ind}_{im} = \text{ROA}_{im} - \text{ROA}_{ii} \qquad (2)$$

式（2）中的 ROA_{im} 和 ROA_{ii} 分別表示樣本公司的總資產營業利潤率和行業中位數的總資產營業利潤率，ROA_ind_{im} 是經行業中位數調整的總資產營業利潤率。並且，為了控制異常值的影響，我們進行1%水準的 Winsorize 處理。

3. 迴歸模型

為了對本章的假設 H1 和假設 H2 進行檢驗，我們設計如下迴歸模型：

$$\text{Performance} = a_0 + a_1 \text{Regl\_01} + a_2 \text{Approve} + a_3 \text{MB} + a_4 \text{Size} + \varepsilon \qquad (3)$$

$$\text{Performance} = b_0 + b_1 \text{Regl\_01} + b_2 \text{Approve\_99} + b_3 \text{Approve\_01} + b_4 \text{MB} + b_5 \text{Size} + \varepsilon \qquad (4)$$

因變量：Performance，表示樣本公司的未來業績。當為市場業績時，Performance 為配股議案公告後一年、二年、三年的 CAR，即為12個月、24個月、36個月的 CAR；當為會計業績時，Performance 為配股議案公告後三個會計年度 ROA_ind_{im} 的平均數。

測試變量：Approve 即虛擬變量，當樣本公司屬於通過組時取值為1，否則為0。在迴歸模型1即式（3）中，如果迴歸的樣本是通過組和拒絕組，則 Approve 的迴歸系數 a_2 表示通過組業績與拒絕組業績的差異程度；同理，如果迴歸的樣本是通過組和放棄組，則 Approve 的迴歸系數 a_2 表示通過組業績與放棄組業績的差異程度。在迴歸模型2即式（4）中，Approve_99 和

Approve_01 分別表示 Approve 與 1999—2000 年、2001—2002 年兩個管制時期的交乘項，如果迴歸的樣本是通過組和拒絕組，Approve_99 的迴歸系數 b_2 表示 1999—2000 年管制時期進行配股申請的通過組業績與拒絕組業績的差異程度，Approve_01 的迴歸系數 b_3 表示 2001—2002 年管制時期進行配股申請的通過組業績與拒絕組業績的差異程度，$(b_3 - b_2)$ 表示在 2001—2002 年管制時期進行配股申請的通過組業績與拒絕組業績的差異程度相對於 1999—2000 年管制時期的變化，$(b_3 - b_2 + b_1)$ 表示 2001—2002 年管制時期進行配股申請的通過組業績相對於 1999—2000 年管制時期的變化程度；同理，如果迴歸的樣本是通過組和放棄組，Approve_99 的迴歸系數 b_2 表示 1999—2000 年管制時期進行配股申請的通過組業績與放棄組業績的差異程度，Approve_01 的迴歸系數 b_3 表示 2001—2002 年管制時期進行配股申請的通過組業績與放棄組業績的差異程度，$(b_3 - b_2)$ 表示在 2001—2002 年管制時期進行配股申請的通過組業績與放棄組業績的差異程度相對於 1999—2000 年管制時期的變化，$(b_3 - b_2 + b_1)$ 表示 2001—2002 年管制時期進行配股申請的通過組業績相對於 1999—2000 年管制時期的變化程度。

控制變量：Regl_01 即虛擬變量，當樣本公司配股申請年度在 2001—2002 年管制時期時取值為 1，否則為 0。我們把該變量放入模型中，是為了看樣本公司在不同管制時期業績是否有差異。MB 即市淨率，反應公司的成長性。我們把該變量放入模型中，是為了控制公司成長性對公司業績的影響。Size 即資產規模，取其自然對數。我們把該變量放入模型中，是為了控制公司規模對公司業績的影響。

另外，我們對迴歸模型中的連續變量進行了 1% 水準的 Winsorize 極值處理，以此來控制極值的影響。

3.4 實證結果及分析

3.4.1 研究樣本情況分析

表 3-1 是研究樣本的基本情況。1999—2000 年管制期間進行配股申請的公司數為 404 家，而在 2001—2002 年管制期間進行配股申請的公司數只有 179 家，不到 1999—2000 年管制時期的一半。並且，證監會審核有逐年嚴格的趨勢，在證監會被審核通過的概率在下降，1999—2000 年管制期間進行配股申請公司在證監會的通過率為 86%，2001—2002 年管制期間進行配股申請公司在證監會的通過率下降為 47%，初步說明中國配股管制的直接作用在加強。同時，我們發現，公司自動放棄配股申請的概率有上升的趨勢，1999—2000 年管制期間有 7% 的配股申請公司在中途放棄了配股申請，在 2001—2002 年管制期間提高到 26% 的配股申請公司在中途放棄了配股申請，初步說明中國配股管制的間接作用也在逐步加強。根據以上分析可知，中國配股管制的直接作用和間接作用都在逐步加強。

表 3-1　　研究樣本的基本情況

管制時期	年度	觀察值 家數	放棄組 家數	比率[①]	拒絕組 家數	比率	通過組 家數	比率	證監會審核通過率[②] 比率	延期 比率
1999—2000	1999	178	15	0.08	27	0.15	136	0.76	0.83	0.08
	2000	226	14	0.06	27	0.12	185	0.82	0.87	0.07
	小計	404	29	0.07	54	0.13	321	0.79	0.86	0.07
2001—2002	2001	109	29	0.27	36	0.33	44	0.40	0.55	0.05
	2002	70	18	0.26	34	0.49	18	0.26	0.35	0.21
	小計	179	47	0.26	70	0.39	62	0.35	0.47	0.11

表3-1(續)

管制時期	年度	觀察值	放棄組		拒絕組		通過組		證監會審核通過率②	延期
		家數	家數	比率①	家數	比率	家數	比率	比率	比率
	合計	583	76	0.13	124	0.21	383	0.66	0.76	0.09

註：

①放棄組的比率＝當期放棄組觀察值數/當期的觀察值總數，其他組的比率類似；

②證監會審核通過率＝通過組/(通過組＋拒絕組)。

3.4.2 單變量檢驗

1. 市場業績比較

圖3-2和圖3-3分別是1999—2000年和2001—2002年兩個管制時期進行配股申請公司的1—36個月的市場業績（CAR）表現。在1999—2000年管制時期進行配股申請的樣本公司中（如圖3-2），通過組（Approved）公司在配股議案公告後期初其平均累積超常收益率要低於拒絕組（Denied）公司的平均累積超常收益率，但在11個月後要好於拒絕組公司的市場業績；同樣，通過組公司在配股議案公告後期初其平均累積超常收益率要低於放棄組（Canceled）公司的平均累積超常收益率，但在8個月後要好於放棄組公司的市場業績。而在2001—2002年管制時期進行配股申請的樣本公司中（如圖3-3），通過組公司的平均累積超常收益率在配股議案公告後始終都好於拒絕組和放棄組公司的平均累積超常收益率。初步表明，相對於拒絕組公司和放棄組公司，2001—2002年管制時期進行配股申請的通過組公司在配股議案公告後的市場業績表現要好於1999—2000年管制時期進行配股申請的通過組公司在配股議案公告後的市場業績表現。

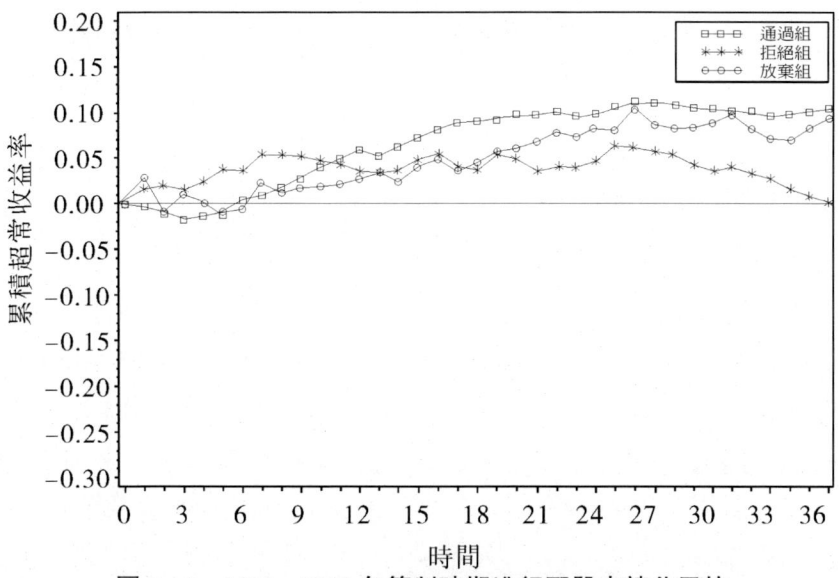

圖 3-2 1999—2000 年管制時期進行配股申請公司的
1~36 個月平均累積超常收益率

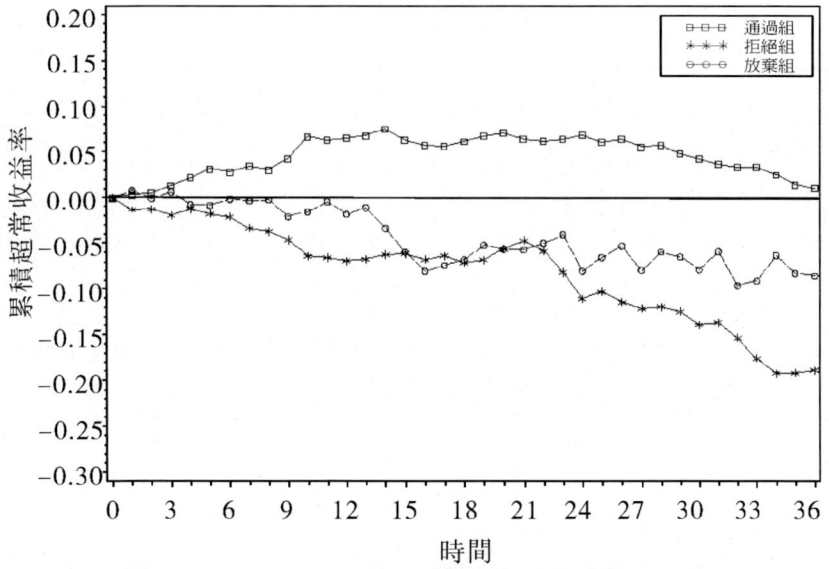

圖 3-3 2001—2002 管制時期進行配股申請公司的
1~36 個月平均累積超常收益率

表3-2是通過組與拒絕組公司市場業績的統計比較。在1999—2000年管制時期進行配股申請的樣本公司中，通過組公司的累積超常收益率與拒絕組公司的累積超常收益率在配股議案公告後的6個月、12個月、18個月、24個月、30個月都沒有顯著差異。而在2001—2002年管制時期進行配股申請的樣本公司中，通過組公司的累積超常收益率在配股議案公告後的6個月、12個月、18個月、24個月、30個月、36個月都顯著高於拒絕組公司的累積超常收益率。統計比較表明，相對於拒絕組公司，2001—2002年管制時期進行配股申請的通過組公司在配股議案公告後的市場業績表現要好於1999—2000年管制時期進行配股申請的通過組公司在配股議案公告後的市場業績表現。

表3-3是通過組與放棄組公司市場業績的統計比較。在1999—2000年管制時期進行配股申請的樣本公司中，通過組公司的累積超常收益率與放棄組公司的累積超常收益率在配股議案公告後的6個月、12個月、18個月、24個月、30個月、36個月都沒有顯著差異。而在2001—2002年管制時期進行配股申請的樣本公司中，通過組公司的累積超常收益率在配股議案公告後的6個月、12個月、18個月、24個月、30個月都顯著高於放棄組公司的累積超常收益率。統計比較表明，相對於放棄組公司，2001—2002年管制時期進行配股申請的通過組公司在配股議案公告後的市場業績表現要好於1999—2000年管制時期進行配股申請的通過組公司在配股議案公告後的市場業績表現。

表 3-2　　　　通過組與拒絕組市場業績的比較

月份			6	12	18	24	30	36
1999—2000年管制時期	通過組	均值	0.0050	0.0590	0.0915	0.0988	0.1055	0.1042
	拒絕組	均值	0.0366	0.0343	0.0378	0.0464	0.0373	-0.0001
		T	-0.76	0.43	0.95	0.87	1.03	1.46
	通過組	中位數	-0.0234	0.0282	0.0621	0.0744	0.0735	0.0966
	拒絕組	中位數	0.0284	0.0180	0.0049	-0.0156	-0.0293	-0.0362
		Z	-0.53	0.88	1.45	1.43	1.62	1.85*
2001—2002年管制時期	通過組	均值	0.0285	0.0655	0.0617	0.0692	0.0429	0.0112
	拒絕組	均值	-0.0208	-0.0691	-0.0708	-0.1102	-0.1385	-0.1883
		T	2.17**	3.57***	2.91***	3.14***	2.69***	2.84***
	通過組	中位數	0.0193	0.0373	0.0144	-0.0437	-0.0302	-0.0379
	拒絕組	中位數	-0.0415	-0.0755	-0.0941	-0.1623	-0.2086	-0.2330
		Z	2.76***	3.85***	3.41***	3.42***	3.03***	3.22***

註：
①此表系通過組與拒絕組公司在配股議案公告後 6、12、18、24、30、36 個月的累積超常收益率（CAR）的統計比較。
②本章用 T 檢驗比較通過組與拒絕組公司在配股議案公告後的市場業績（CAR）均值有無顯著差異；同時用 Z 檢驗（Wilcoxon Signed Ranks Test）比較通過組與拒絕組公司在配股議案公告後的市場業績（CAR）中位數有無顯著差異。「*」、「**」和「***」分別表示在 10%、5% 和 1% 水準下顯著（雙尾檢驗）。

表 3-3　　　　通過組與放棄組市場業績的比較

月份			6	12	18	24	30	36
1999—2000年管制時期	通過組	均值	0.0050	0.0590	0.0915	0.0988	0.1055	0.1042
	放棄組	均值	-0.0057	0.0272	0.0449	0.0818	0.0890	0.0938
		T	0.20	0.46	0.66	0.23	0.20	0.12
	通過組	中位數	-0.0234	0.0282	0.0621	0.0744	0.0735	0.0966
	放棄組	中位數	-0.0277	0.0361	0.0400	0.0895	0.0941	0.0438
		Z	0.69	-0.42	0.85	-0.58	-0.51	0.52

表3-3(續)

月份			6	12	18	24	30	36
2001—2002年管制時期	通過組	均值	0.0285	0.0655	0.0617	0.0692	0.0429	0.0112
	放棄組	均值	-0.0011	-0.0177	-0.0678	-0.0798	-0.0785	-0.0851
		T	1.02	2.09**	2.63***	2.37**	1.66*	1.23
	通過組	中位數	0.0193	0.0373	0.0144	-0.0437	-0.0302	-0.0379
	放棄組	中位數	-0.0234	-0.0273	-0.1214	-0.1225	-0.0622	-0.1521
		Z	1.68*	2.05**	2.85***	2.43**	1.38	1.37

註：

①此表系通過組與放棄組公司在配股議案公告後6、12、18、24、30、36個月的累積超常收益率（CAR）的統計比較。

②本章用T檢驗比較通過組與放棄組公司在配股議案公告後的市場業績（CAR）均值有無顯著差異；同時用Z檢驗（Wilcoxon Signed Ranks Test）比較通過組與放棄組公司在配股議案公告後的市場業績（CAR）中位數有無顯著差異。「*」、「**」和「***」分別表示在10%、5%和1%水準下顯著（雙尾檢驗）。

從圖3-2、圖3-3和表3-2、表3-3的分析可知，相對於拒絕組、放棄組公司，2001—2002年管制時期進行配股申請的通過組公司在配股議案公告後的市場業績表現要好於1999—2000年管制時期進行配股申請的通過組的市場業績表現。這有可能是兩方面原因造成的：一方面可能是在後期進行配股申請的通過組公司的市場業績的確提高了；另一方面可能是在後期進行配股申請的拒絕組、放棄組公司的市場業績下降導致在後期進行配股申請的通過組與拒絕組、放棄組的市場業績差異顯著。這需要我們對在不同管制時期進行配股申請的三組公司的市場業績進行前後統計比較。

表3-4是2001—2002年管制時期與1999—2000年管制時期進行配股申請公司的市場業績統計比較。從在兩個不同管制時期進行配股申請的通過組、拒絕組、放棄組三組公司的市場業績的總體表現來看，在2001—2002年管制時期進行配股申請的三組公司的市場業績的表現要弱於1999—2000年管制時期的

表現。其中，在2001—2002年管制時期進行配股申請的拒絕組公司的市場業績顯著低於在1999—2000年管制時期進行配股申請的拒絕組公司的市場業績；而在2001—2002年管制時期進行配股申請的通過組公司的市場業績在配股公告後的最初6個月顯著高於在1999—2000年管制時期進行配股申請的通過組公司的市場業績，但後來逐漸下滑，並在30個月、36個月顯著低於在1999—2000年管制時期進行配股申請的通過組公司的市場業績；而在2001—2002年管制時期與1999—2000年管制時期進行配股申請的放棄組公司的市場業績的差異程度介於前面兩者之間。

從表3-4的分析可知，在2001—2002年管制時期進行配股申請的通過組與拒絕組、放棄組的市場業績的顯著差異主要來源於後兩者的市場業績的顯著下滑，即：相對於1999—2000年管制時期，在2001—2002年管制時期進行配股申請的通過組的市場業績下滑程度低於拒絕組、放棄組的市場業績的下滑程度。

表3-4　　2001—2002年管制時期與1999—2000年
管制時期的市場業績（CAR）比較

	月份		6	12	18	24	30	36
通過組	2001—2002 管制時期	均值	0.0285	0.0655	0.0617	0.0692	0.0429	0.0112
	1999—2000 管制時期	均值	0.0050	0.0590	0.0915	0.0988	0.1055	0.1042
	T		1.08	0.20	-0.80	-0.69	-1.21	-1.76 *
	2001—2002 管制時期	中位數	0.0193	0.0373	0.0144	-0.0437	-0.0302	-0.0379
	1999—2000 管制時期	中位數	-0.0234	0.0282	0.0621	0.0744	0.0735	0.0966
	Z		1.75 *	0.70	-0.46	-0.73	-1.74 *	-1.93 *
拒絕組	2001—2002 管制時期	均值	-0.0208	-0.0691	-0.0708	-0.1102	-0.1385	-0.1883
	1999—2000 管制時期	均值	0.0366	0.0343	0.0378	0.0464	0.0373	-0.0001
	T		-1.37	-1.70 *	-1.74 *	-2.20 **	-2.22 **	-2.21 **
	2001—2002 管制時期	中位數	-0.0415	-0.0755	-0.0941	-0.1623	-0.2086	-0.2330
	1999—2000 管制時期	中位數	0.0284	0.0180	0.0049	-0.0156	-0.0293	-0.0362
	Z		-1.17	-1.19	-1.80 *	-2.33 **	-2.41 **	-2.34 **

表3-4(續)

月份			6	12	18	24	30	36
放棄組	2001—2002管制時期	均值	-0.0011	-0.0177	-0.0678	-0.0798	-0.0785	-0.0851
	1999—2000管制時期	均值	-0.0057	0.0272	0.0449	0.0818	0.0890	0.0938
		T	0.08	-0.62	-1.45	-1.84 **	-1.73 *	-1.76 *
	2001—2002管制時期	中位數	-0.0234	-0.0273	-0.1214	-0.1225	-0.0622	-0.1521
	1999—2000管制時期	中位數	-0.0277	0.0361	0.0400	0.0895	0.0941	0.0438
		Z	0.70	-0.63	-1.36	-1.73 *	-1.49	-1.67 *

註：

①此表系2001—2002年管制時期與1999—2000年管制時期進行配股申請的公司在配股議案公告後6、12、18、24、30、36個月的累積超常收益率（CAR）的統計比較。

②本章用T檢驗比較2001—2002年管制時期與1999—2000年管制時期進行配股申請的公司在配股議案公告後的市場業績（CAR）均值有無顯著差異；同時用Z檢驗（Wilcoxon Signed Ranks Test）比較2001—2002年管制時期與1999—2000年管制時期進行配股申請的公司在配股議案公告後的市場業績（CAR）中位數有無顯著差異。「*」、「**」和「***」分別表示在10%、5%和1%水準下顯著（雙尾檢驗）。

2. 會計業績比較

圖3-4和圖3-5分別是1999—2000年和2001—2002年兩個管制時期進行配股申請公司前後3年的會計業績（經行業調整的總資產營業利潤率）表現。在1999—2000年管制時期進行配股申請的樣本公司中（如圖3-4）和在2001—2002年管制時期進行配股申請的樣本公司中（如圖3-5），通過組公司在配股議案公告後的3個會計年度的會計業績都要好於拒絕組公司和放棄組公司的會計業績。但是，相對於1999—2000年管制時期，在2001—2002年管制時期進行配股申請的通過組公司的會計業績與拒絕組、放棄組的會計業績的差異在縮小。

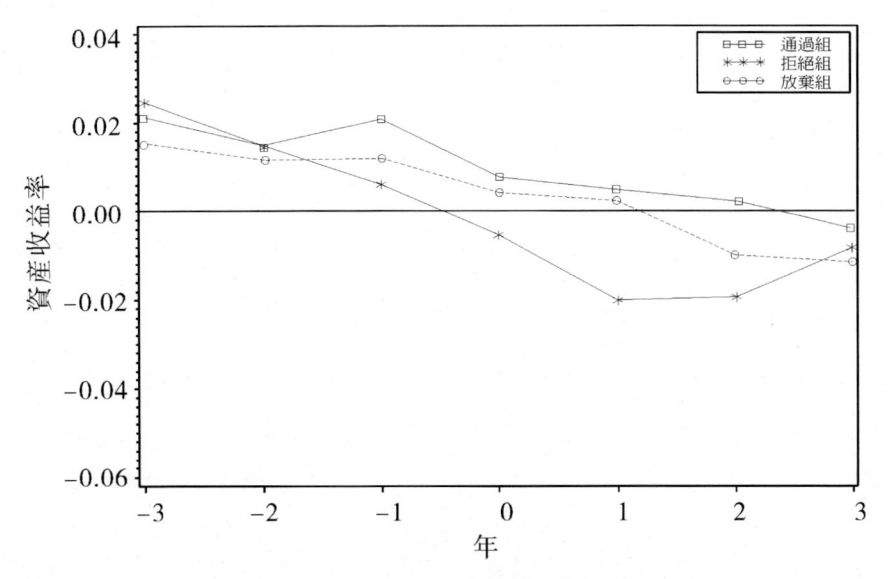

图 3-4　1999—2000 年管制時期進行
配股申請公司前後 3 年的會計業績表現

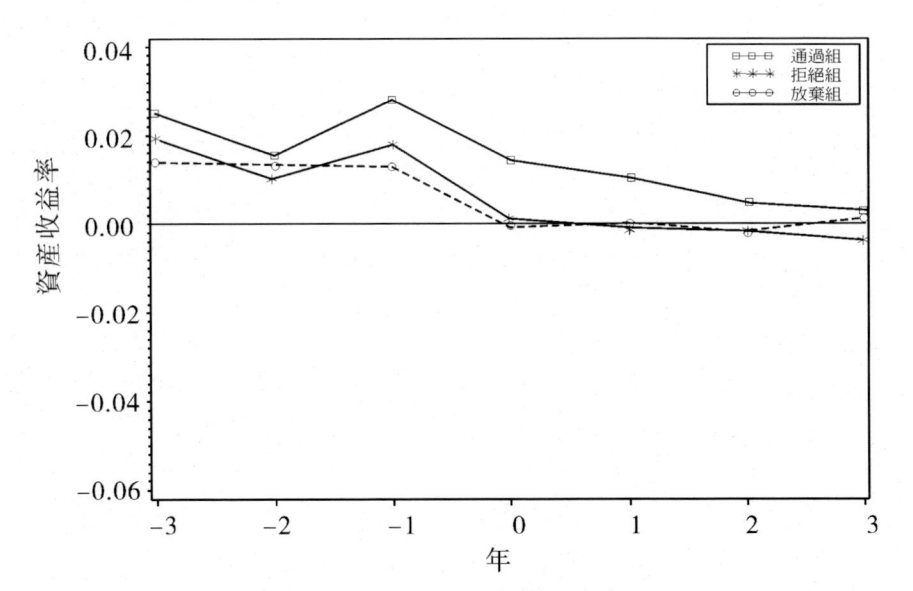

圖 3-5　2001—2002 年管制時期進行
配股申請公司前後 3 年的會計業績表現

表 3-5 是通過組與拒絕組公司會計業績的統計比較。在 1999—2000 年管制時期進行配股申請的樣本公司中，通過組公司的會計業績在配股議案公告前一年（「-1」年）、公告當年（「0」年）到公告後的第三年（「3」年）始終都顯著高於拒絕組公司的會計業績。而在 2001—2002 年管制時期進行配股申請的樣本公司中，通過組公司的會計業績只在配股議案公告前一年（「-1」年）、公告當年（「0」年）、公告後的第一年（「1」年）顯著高於拒絕組公司的會計業績。統計比較分析表明，相對於拒絕組公司，2001—2002 年管制時期進行配股申請的通過組公司在配股議案公告後的會計業績表現要弱於 1999—2000 年管制時期進行配股申請的通過組公司在配股議案公告後的會計業績表現。

表 3-5　　　　　通過組（Approved）與拒絕組（Denied）會計業績的比較

	年度		-3	-2	-1	0	1	2	3
1999—2000年管制時期	通過組	均值	0.0328	0.0180	0.0251	0.0103	0.0038	-0.0057	-0.0131
	放棄組	均值	0.0335	0.0238	0.0136	-0.0090	-0.0489	-0.0479	-0.0411
		T	-0.06	-0.67	1.74 *	1.93 *	4.93 ***	3.59 ***	2.05 **
	通過組	中位數	0.0209	0.0144	0.0207	0.0073	0.0047	0.0018	-0.0042
	放棄組	中位數	0.0245	0.0141	0.0060	-0.0054	-0.0201	-0.0192	-0.0086
		Z	-0.11	0.32	2.18 **	2.68 ***	5.60 ***	4.04 ***	1.68 *
2001—2002年管制時期	通過組	均值	0.0309	0.0187	0.0282	0.0172	0.0094	0.0043	-0.0059
	放棄組	均值	0.0244	0.0150	0.0183	-0.0018	-0.0080	-0.0043	-0.0202
		T	0.80	0.57	1.86 *	2.45 **	1.78 *	0.90	1.14
	通過組	中位數	0.0243	0.0149	0.0270	0.0138	0.0102	0.0046	0.0027
	放棄組	中位數	0.0188	0.0095	0.0170	0.0009	-0.0011	-0.0014	-0.0034
		Z	1.11	1.17	2.26 **	2.72 ***	2.70 ***	1.18	1.07

註：①此表系通過組與拒絕組公司在配股議案公告前後三個會計年度的會計業績（經行業調整的總資產營業利潤率）統計比較。以配股議案公告當年為基準年，即配股議案公告當年為「0」，配股議案公告前第 1 年為「-1」，配股議案公告後第 1 年為「1」，依此類推。

②本章用 T 檢驗比較通過組與拒絕組公司的會計業績均值有無顯著差異；同時用 Z 檢驗（Wilcoxon Signed Ranks Test）比較通過組與拒絕組公司的會計業績中位數有沒顯著差異。「*」、「**」和「***」分別表示在 10%、5% 和 1% 水準下顯著（雙尾檢驗）。

表 3-6 是通過組與放棄組公司會計業績的統計比較。在 1999—2000 年管制時期進行配股申請的樣本公司中，通過組公司的會計業績與放棄組公司的會計業績在配股議案公告前後 3 年都沒有顯著差異。而在 2001—2002 年管制時期進行配股申請的樣本公司中，通過組公司的會計業績只在配股議案公告前一年（「-1」年）、公告當年（「0」年）、公告後的第一年（「1」年）顯著高於放棄組公司的會計業績。統計比較表明，相對於放棄組公司，2001—2002 年管制時期進行配股申請的通過組公司在配股議案公告後的會計業績表現要強於 1999—2000 年管制時期進行配股申請的通過組公司在配股議案公告後的會計業績表現。

表 3-6　　　通過組與放棄組會計業績的比較

	年度		-3	-2	-1	0	1	2	3
1999—2000 年管制時期	通過組	均值	0.0328	0.0180	0.0251	0.0103	0.0038	-0.0057	-0.0131
	放棄組	均值	0.0253	0.0209	0.0182	0.0123	0.0015	-0.0230	-0.0274
	T		0.68	-0.36	0.79	-0.20	0.28	1.21	0.90
	通過組	中位數	0.0209	0.0144	0.0207	0.0073	0.0047	0.0018	-0.0042
	放棄組	中位數	0.0150	0.0115	0.0121	0.0043	0.0023	-0.0102	-0.0116
	Z		0.37	0.22	1.34	0.28	0.11	1.35	0.83
2001—2002 年管制時期	通過組	均值	0.0309	0.0187	0.0282	0.0172	0.0094	0.0043	-0.0059
	放棄組	均值	0.0193	0.0117	0.0149	-0.0008	-0.0111	-0.0096	-0.0111
	T		1.24	1.08	2.13**	1.92*	1.70*	1.20	0.40
	通過組	中位數	0.0243	0.0149	0.0270	0.0138	0.0102	0.0046	0.0027
	放棄組	中位數	0.0138	0.0126	0.0122	-0.0006	0.0002	-0.0018	0.0014
	Z		1.83*	1.11	2.19**	2.01**	1.59	0.62	0.03

註：①此表系通過組與放棄組公司在配股議案公告前後三個會計年度的會計業績（經行業調整的總資產營業利潤率）統計比較。以配股議案公告當年為基準年，

即配股議案公告當年為「0」,配股議案公告前第1年為「-1」,配股議案公告後第1年為「1」,依此類推。

②本章用T檢驗比較通過組與放棄組公司的會計業績均值有無顯著差異;本章用Z檢驗(Wilcoxon Signed Ranks Test)比較通過組與放棄組公司的會計業績中位數有無顯著差異。「*」、「**」和「***」分別表示在10%、5%和1%水準下顯著(雙尾檢驗)。

從圖3-4、圖3-5和表3-5、表3-6的分析可知,相對於拒絕組公司,2001—2002年管制時期進行配股申請的通過組公司在配股議案公告後的會計業績表現要弱於1999—2000年管制時期的表現,這有可能是兩方面原因造成的:一方面是因為在後期進行配股申請的通過組公司的會計業績的確下降了;另一方面可能是在後期進行配股申請的拒絕組公司的會計業績提高導致在後期進行配股申請的通過組與拒絕組公司的會計業績差異沒有前期顯著。而相對於放棄組公司,2001—2002年管制時期進行配股申請的通過組公司在配股議案公告後的會計業績表現要好於1999—2000年管制時期的表現(雖然只在配股議案公告後的第一年顯著),這有可能是兩方面原因造成的:一方面是因為在後期進行配股申請的通過組公司的會計業績的確提高了;另一方面可能是在後期進行配股申請的放棄組公司的會計業績下降導致在後期進行配股申請的通過組與放棄組的會計業績差異擴大。這都需要我們對在不同管制時期進行配股申請的三組公司的會計業績進行前後統計比較。

表3-7是2001—2002年管制時期與1999—2000年管制時期進行配股申請公司的會計業績統計比較。從在兩個不同管制時期進行配股申請的通過組公司的會計業績表現來看,在2001—2002年管制時期進行配股申請的通過組公司的會計業績在配股議案公告前後3年的表現要好於1999—2000年管制時期的表現,但只在配股議案公告當年顯著;從在兩個不同管制時期進行配股申請的拒絕組公司的會計業績表現來看,在2001—

2002年管制時期進行配股申請的拒絕組公司的會計業績在配股議案公告後的第一年、第二年都顯著好於1999—2000年管制時期的表現；從在兩個不同管制時期進行配股申請的放棄組公司的會計業績表現來看，在2001—2002年管制時期進行配股申請的放棄組公司的會計業績在配股議案公告前後3年的表現與1999—2000年管制時期相比沒有顯著差異。

表3-7　　　　　2001—2002年管制時期與
1999—2000年管制時期會計業績比較

	年度		-3	-2	-1	0	1	2	3
通過組	2001—2002管制時期	均值	0.0309	0.0187	0.0282	0.0172	0.0094	0.0043	-0.0059
	1999—2000管制時期	均值	0.0328	0.0180	0.0251	0.0103	0.0038	-0.0057	-0.0131
	T		-0.25	0.13	0.73	1.76 *	0.90	1.57	0.84
	2001—2002管制時期	中位數	0.0243	0.0149	0.0270	0.0138	0.0102	0.0046	0.0027
	1999—2000管制時期	中位數	0.0209	0.0144	0.0207	0.0073	0.0047	0.0018	-0.0042
	Z		0.44	0.42	1.33	1.91 *	1.59	0.62	0.89
拒絕組	2001—2002管制時期	均值	0.0244	0.0150	0.0183	-0.0018	-0.0080	-0.0043	-0.0202
	1999—2000管制時期	均值	0.0335	0.0238	0.0136	-0.0090	-0.0489	-0.0479	-0.0411
	T		-0.73	-0.93	0.65	0.60	3.12 ***	3.18 ***	1.28
	2001—2002管制時期	中位數	0.0188	0.0095	0.0170	0.0009	-0.0011	-0.0014	-0.0034
	1999—2000管制時期	中位數	0.0245	0.0141	0.0060	-0.0054	-0.0201	-0.0192	-0.0086
	Z		-0.72	-0.24	1.09	1.33	3.43 ***	2.64 ***	0.88
放棄組	2001—2002管制時期	均值	0.0193	0.0117	0.0149	-0.0008	-0.0111	-0.0096	-0.0111
	1999—2000管制時期	均值	0.0253	0.0209	0.0182	0.0123	0.0015	-0.0230	-0.0274
	T		-0.49	-1.02	-0.34	-1.00	-0.94	0.78	0.87
	2001—2002管制時期	中位數	0.0138	0.0126	0.0122	-0.0006	0.0002	-0.0018	0.0014
	1999—2000管制時期	中位數	0.0150	0.0115	0.0121	0.0043	0.0023	-0.0102	-0.0116
	Z		-0.69	0.55	0.09	-0.82	-0.43	0.83	1.17

註：

①此表系2001—2002年管制時期與1999—2000年管制時期進行配股申請的公司在配股議案公告前後3個會計年度的會計業績（經行業調整的總資產營業利潤率）統計比較。以配股議案公告當年為基準年，即配股議案公告當年為「0」，配股議案公告前第1年為「-1」，配股議案公告後第1年為「1」，依此類推。

②本章用T檢驗比較2001—2002年管制時期與1999—2000年管制時期進行配股

申請的公司的會計業績均值有無顯著差異；同時用 Z 檢驗（Wilcoxon Signed Ranks Test）比較 2001—2002 年管制時期與 1999—2000 年管制時期進行配股申請公司的會計業績中位數有無顯著差異。「＊」、「＊＊」和「＊＊＊」分別表示在 10%、5% 和 1% 水準下顯著（雙尾檢驗）。

  從表 3-7 的分析可知，相對於拒絕組公司，2001—2002 年管制時期進行配股申請的通過組公司在配股議案公告後的會計業績表現要弱於 1999—2000 年管制時期的表現，主要緣於 2001—2002 年管制時期進行配股申請的拒絕組公司的會計業績的顯著提高，即相對於 1999—2000 年管制時期，在 2001—2002 年管制時期進行配股申請的通過組公司的會計業績的提高程度低於拒絕組的會計業績的提高程度；而相對於放棄組公司，2001—2002 年管制時期進行配股申請的通過組公司在配股議案公告後的會計業績表現要好於 1999—2000 年管制時期的會計業績表現（雖然只在配股議案公告後的第一年顯著），這主要緣於 2001—2002 年管制時期進行配股申請的通過組的會計業績相對於 1999—2000 年管制時期出現了提高，提高程度在配股公告後的第一年略高於放棄組的提高程度，但是兩者的會計業績在配股議案公告後的提高程度在統計上都不顯著。

  由單變量檢驗的結果可知：

  （1）從市場業績的統計比較分析來看，通過組的市場業績在配股議案公告後總體上要好於拒絕組、放棄組的市場業績，但只是在 2001—2002 年管制時期進行配股申請的通過組的市場業績顯著好於拒絕組、放棄組的市場業績，主要是因為 2001—2002 年管制時期進行配股申請的拒絕組、放棄組的市場業績相對於 1999—2000 年管制時期出現了顯著下滑，下滑程度高於通過組的下滑程度；

  （2）從會計業績的統計比較分析來看，通過組的會計業績在配股議案公告後總體上要好於拒絕組、放棄組的會計業績，雖然 1999—2000 年管制時期和 2001—2002 年管制時期進行配股

申請的通過組與拒絕組的會計業績的差異程度都顯著，但是 2001—2002 年管制時期進行配股申請的通過組與拒絕組的會計業績的顯著差異程度要弱於 1999—2000 年管制時期的顯著差異程度，主要是因為 2001—2002 年管制時期進行配股申請的拒絕組的會計業績相對於 1999—2000 年管制時期出現了顯著提高，提高程度高於通過組的提高程度，同時，只是在 2001—2002 年管制時期進行配股申請的通過組的會計業績在配股公告後的第一年略微好於同期進行配股申請的放棄組的會計業績，主要是因為 2001—2002 年管制時期進行配股申請的通過組的會計業績相對於 1999—2000 年管制時期出現了提高，提高程度在配股公告後的第一年略高於放棄組的提高程度，但是兩者在配股議案公告後的會計業績提高程度在統計上都不顯著。

因此，從單變量檢驗的結果可知，本章的假設 H1 和 H2 得到初步支持，但更可靠的經驗數據支持有賴於多變量檢驗的結果。

3.4.3 多變量檢驗

表 3-8 是將通過組和拒絕組樣本放入迴歸模型對其市場業績進行迴歸的結果，此時我們將拒絕組樣本作為迴歸分析的基準（Benchmark）。在模型 1 裡，Approve 的迴歸系數 a_1 始終顯著為正，表明通過組的公司在配股議案公告後的市場業績顯著好於拒絕組的市場業績。在模型 2 裡，通過組和 2001—2002 年管制時期的交乘項 Approve_01 的迴歸系數 b_3 始終顯著為正，表明在 2001—2002 年管制時期進行配股申請的通過組公司在配股議案公告後的市場業績顯著好於同期進行配股申請的拒絕組公司的市場業績；而通過組和 1999—2000 年管制時期的交乘項 Approve_99 的迴歸系數 b_2 雖然始終為正，但統計上不顯著，表明在 1999—2000 年管制時期進行配股申請的通過組公司在配股

議案公告後的市場業績相對於同期進行配股申請的拒絕組公司的市場業績沒有顯著提高;同樣,(b_3-b_2) 的迴歸系數雖然始終為正,但統計上不顯著,表明在 2001—2002 年管制時期進行配股申請的通過組與拒絕組的市場業績間的差異相對於 1999—2000 年管制時期的差異沒有顯著擴大;同時,$(b_3-b_2+b_1)$ 的迴歸系數只在配股議案公告後的第一年顯著為正,表明在 2001—2002 年管制時期進行配股申請的通過組公司的市場業績只在配股議案公告後的第一年相對於 1999—2000 年管制時期有顯著提高;並且,模型 2 裡的控制變量 Regl_01 的迴歸系數 b_1 雖然始終為負,但統計上不顯著,表明在 2001—2002 年管制時期進行配股申請的拒絕組公司在配股議案公告後的市場業績相對於 1999—2000 年管制時期沒有顯著下降。控制變量 MB 和 Size 的迴歸系數始終顯著為負,表明中國市淨率高的公司的市場價值高估的可能性更大,規模小的公司成長性高,風險也高,在中國被市場炒作的可能性更大。

表 3-8　　　　配股管制對配股申請公司市場業績的迴歸結果(通過組 VS 拒絕組)

	因變量:累積超常收益率(CAR)					
	1 年		2 年		3 年	
	模型 1	模型 2	模型 1	模型 2	模型 1	模型 2
Regl_01	0.0300 (0.97)	-0.0275 (-0.45)	-0.0017 (-0.04)	-0.0679 (-0.94)	-0.0561 (-1.14)	-0.1038 (-1.19)
Approve	0.0752 (2.02)**		0.1093 (2.61)***		0.1431 (2.87)***	
Approve_99		0.0377 (0.66)		0.0660 (1.16)		0.1121 (1.65)
Approve_01		0.1278 (3.21)***		0.1700 (2.80)***		0.1864 (2.57)**
Joint Test (b_3-b_2)		0.0901 (1.31)		0.1040 (1.25)		0.0743 (0.75)
Joint Test $(b_3-b_2+b_1)$		0.0626 (1.91)*		0.0361 (0.81)		-0.0295 (-0.53)
MB	-27.5466 (-4.17)***	-27.2901 (-4.14)***	-33.7090 (-3.93)***	-33.4128 (-3.89)***	-35.7941 (-3.46)***	-35.5798 (-3.44)***

表3-8(續)

	因變量:累積超常收益率(CAR)					
	1 年		2 年		3 年	
	模型1	模型2	模型1	模型2	模型1	模型2
Size	−0.1145 (−5.46)***	−0.1134 (−5.41)***	−0.1304 (−4.96)***	−0.1291 (−4.90)***	−0.1180 (−3.97)***	−0.1172 (−3.93)***
Intercept	2.4803 (5.48)***	2.4876 (5.52)***	2.8431 (5.05)***	2.8515 (5.09)***	2.5675 (4.05)***	2.5757 (4.08)***
N	507	507	507	507	504	504
R^2	0.0838	0.0868	0.106	0.1091	0.1101	0.1114
F	10.03***	10.06***	10.7***	9.26***	11.95***	9.72***

註：

①此表系對配股議案公告後 12 個月、24 個月、36 個月（即 1 年、2 年、3 年）的累積超常收益率（CAR）所進行的迴歸分析。

②括號裡的為 T 值，經過了 White 異方差校正。「＊」、「＊＊」和「＊＊＊」分別表示在 10%、5% 和 1% 水準下顯著。

表 3-9 是將通過組和放棄組樣本放入迴歸模型並對其市場業績進行迴歸的結果，此時放棄組樣本作為迴歸分析的基準（Benchmark）。在模型 1 裡，Approve 的迴歸系數 a_1 雖然始終為正，但統計上不顯著，表明通過組的公司在配股議案公告後的市場業績與放棄組的市場業績沒有顯著差別。在模型 2 裡，通過組和 2001—2002 年管制時期的交乘項 Approve_01 的迴歸系數 b_3 始終為正，但在統計上只在第一年和第二年顯著，表明在 2001—2002 年管制時期進行配股申請的通過組公司在配股議案公告後第一年和第二年的市場業績顯著好於同期進行配股申請的放棄組的市場業績；而通過組和 1999—2000 年管制時期的交乘項 Approve_99 的迴歸系數 b_2 始終不顯著，表明在 1999—2000 年管制時期進行配股申請的通過組公司在配股議案公告後的市場業績相對於同期進行配股申請的放棄組的市場業績沒有顯著差別；而 (b_3-b_2) 的迴歸系數雖然始終為正，但統計上不顯著，表明在 2001—2002 年管制時期進行配股申請的通過組與放棄組的市場業績之間的差異相對於 1999—2000 年管制時期的差

異沒有顯著擴大；同時，$(b_3 - b_2 + b_1)$ 的迴歸係數只在配股議案公告後的第一年顯著為正，表明在 2001—2002 年管制時期進行配股申請的通過組公司的市場業績只在配股議案公告後的第一年相對於 1999—2000 年管制時期有顯著提高；並且，模型 2 裡的控制變量 Regl_01 的迴歸係數 b_1 雖然始終為負，但統計上不顯著，表明在 2001—2002 年管制時期進行配股申請的放棄組公司在配股議案公告後的市場業績相對於 1999—2000 年管制時期沒有顯著下降。控制變量的迴歸結果與表 3-8 類似，不再贅述。

表 3-9　　　配股管制對配股申請公司市場
業績的迴歸結果（通過組 VS 放棄組）

	因變量：累積超常收益率（CAR）					
	1 年		2 年		3 年	
	模型 1	模型 2	模型 1	模型 2	模型 1	模型 2
Regl_01	0.0446 (1.44)	-0.0048 (-0.07)	-0.0079 (-0.20)	-0.1179 (-1.32)	-0.0676 (-1.37)	-0.1436 (-1.39)
Approve	0.0436 (1.05)		0.0684 (1.30)		0.0356 (0.60)	
Approve_99		0.0100 (0.15)		-0.0065 (-0.09)		-0.0152 (-0.18)
Approve_01		0.0767 (1.74)*		0.1423 (2.07)**		0.0870 (1.05)
Joint Test $(b_3 - b_2)$		0.0668 (0.83)		0.1487 (1.49)		0.1022 (0.88)
Joint Test $(b_3 - b_2 + b_1)$		0.0620 (1.90)*		0.0309 (0.69)		-0.0413 (-0.75)
MB	-28.7986 (-3.86)***	-28.9919 (-3.89)***	-30.8810 (-3.28)***	-31.3115 (-3.32)***	-30.6300 (-2.66)***	-30.9458 (-2.67)**
Size	-0.1067 (-4.84)***	-0.1072 (-4.85)***	-0.1165 (-4.17)***	-0.1174 (-4.19)***	-0.0900 (-2.81)***	-0.0907 (-2.83)***
Intercept	2.3542 (4.90)***	2.3950 (4.96)***	2.5835 (4.25)***	2.6743 (4.37)***	2.0713 (2.98)***	2.1336 (3.04)***
N	459	459	459	459	457	457
R^2	0.0665	0.0678	0.747	0.0799	0.0568	0.0588
F	6.8***	6.12***	6.49***	5.44***	4.75***	3.77***

註：
①此表系對配股議案公告後 12 個月、24 個月、36 個月（即 1 年、2 年、3 年）

的累積超常收益率（CAR）所進行的迴歸分析。

②括號裡的為 T 值，經過了 White 異方差校正。「*」、「**」和「***」分別表示在 10%、5% 和 1% 水準下顯著。

表 3-10 是對樣本公司會計業績所進行的迴歸分析的結果。迴歸樣本是通過組和拒絕組（通過組 VS 拒絕組）。在迴歸結果裡，模型 1 中 Approve 的迴歸系數 a_1 顯著為正，表明通過組的公司在配股議案公告後的會計業績顯著好於拒絕組公司的會計業績。模型 2 中，通過組分別和 1999—2001 年管制時期、2001—2002 年管制時期的交乘項 Approve_99、Approve_01 的迴歸系數 b_2、b_3 都顯著為正，表明在 1999—2000 年管制時期和 2001—2002 年管制時期進行配股申請的通過組公司在配股議案公告後的會計業績都顯著好於同期進行配股申請的拒絕組公司的會計業績；但是，$(b_3 - b_2)$ 的迴歸系數顯著為負，表明在 2001—2002 年管制時期進行配股申請的通過組公司與拒絕組公司的會計業績之間的差異相對於 1999—2000 年管制時期的差異在顯著縮小；然而，$(b_3 - b_2 + b_1)$ 的迴歸系數雖然為正，但統計上不顯著，表明在 2001—2002 年管制時期進行配股申請的通過組公司的會計業績相對於 1999—2000 年管制時期沒有顯著提高；而模型 2 裡的控制變量 Regl_01 的迴歸系數顯著為正，表明在 2001—2002 年管制時期進行配股申請的拒絕組公司的會計業績相對於 1999—2000 年管制時期有了顯著提高。由模型 2 的迴歸分析結果可知，2001—2002 年管制時期進行配股申請的通過組公司的會計業績和拒絕組公司的會計業績之間的差異相對於 1999—2000 年管制時期的差異在顯著縮小，主要緣於 2001—2002 年管制時期進行配股申請的拒絕組公司的會計業績相對於 1999—2000 年管制時期有了顯著提高，提高程度顯著高於通過組的公司。

表 3-10　配股管制對配股申請公司會計業績的迴歸結果

	自變量:配股議案公告後三個會計年度的 ROA_ind 平均數			
	通過組 VS 拒絕組		通過組 VS 放棄組	
	模型 1	模型 2	模型 1	模型 2
Regl_01	0.0139 2.24**	0.0283 2.36**	0.0018 0.28	-0.0020 -0.13
Approve	0.0315 4.64***		0.0179 2.13**	
Approve_99		0.0409 4.47***		0.0153 1.30
Approve_01		0.0183 1.85*		0.0204 1.73*
Joint Test(b_3-b_2)		-0.0226 -1.68*		0.0052 0.31
Joint Test ($b_3-b_2+b_1$)		0.0057 0.86		0.0031 0.48
MB	1.3547 1.10	1.2903 1.04	2.4620 2.21**	2.4470 2.18**
Size	0.0033 0.91	0.0031 0.82	0.0084 2.46**	0.0084 2.44**
Intercept	-0.1131 -1.43	-0.1149 -1.43	-0.2082 -2.78***	-0.2050 -2.67***
N	507	507	459	459
R^2	0.0605	0.0675	0.0290	0.0293
F	6.05***	5.01***	2.65***	2.25**

註：①此表系對配股議案公告後三個會計年度的經行業調整的總資產營業利潤率的平均數所進行的迴歸分析。

②括號裡的為 T 值，經過了 White 異方差校正。「*」、「**」和「***」分別表示在 10%、5% 和 1% 水準下顯著。

在表 3-10 迴歸樣本是通過組和放棄組（通過組 VS 放棄組）。在迴歸結果裡，模型 1 中 Approve 的迴歸系數 a_1 顯著為正，表明通過組的公司在配股議案公告後的會計業績顯著好於放棄組的會計業績。模型 2 中，通過組分別和 1999—2001 年管制時期、

2001—2002 年管制時期的交乘項 Approve_99、Approve_01 的迴歸係數 b_2、b_3 都為正，但只有 Approve_01 的迴歸係數 b_3 在統計上顯著，表明 2001—2002 年管制時期進行配股申請的通過組公司在配股議案公告後的會計業績都顯著好於同期進行配股申請的拒絕組公司的會計業績；雖然 $(b_3 - b_2)$ 的迴歸係數為正，但統計上不顯著，表明在 2001—2002 年管制時期進行配股申請的通過組與放棄組的會計業績之間的差異相對於 1999—2000 年管制時期的差異沒有顯著增大；同時，$(b_3 - b_2 + b_1)$ 的迴歸系數也不顯著，表明在 2001—2002 年管制時期進行配股申請的通過組公司的會計業績相對於 1999—2000 年管制時期沒有顯著提高；模型 2 中控制變量 Regl_01 的迴歸系數為負，但統計上不顯著，表明在 2001—2002 年管制時期進行配股申請的放棄組公司的會計業績相對於 1999—2000 年管制時期沒有顯著下降。控制變量 MB 和 Size 的迴歸系數顯著為正，表明中國市淨率高的公司的成長性高，其未來會計業績也好；規模大的公司，其未來會計業績也好。

從多變量檢驗的結果可知：

（1）從對市場業績的迴歸分析來看，總體上通過組的未來市場業績顯著好於拒絕組的未來市場業績，但是只有在 2001—2002 年管制時期進行配股申請的通過組的未來市場業績顯著好於同期進行配股申請的拒絕組的未來市場業績，然而，2001—2002 年管制時期進行配股申請的通過組與拒絕組的市場業績差異相對於 1999—2000 年管制時期的差異沒有顯著增大，主要因為 2001—2002 年管制時期進行配股申請的拒絕組的未來市場業績相對於 1999—2000 年管制時期沒有出現顯著下降，而且，2001—2002 年管制時期進行配股申請的通過組的未來市場業績只在配股議案公告後的第一年相對於 1999—2000 年管制時期才出現顯著提高；同樣，只有在 2001—2002 年管制時期進行配股

申請的通過組的未來市場業績顯著好於同期進行配股申請的放棄組的未來市場業績，然而，2001—2002 年管制時期進行配股申請的通過組與放棄組的未來市場業績差異相對於 1999—2000 年管制時期的差異沒有顯著增大，主要因為 2001—2002 年管制時期進行配股申請的放棄組的未來市場業績相對於 1999—2000 年管制時期沒有出現顯著下降，而且，2001—2002 年管制時期進行配股申請的通過組的未來市場業績只在配股議案公告後的第一年相對於 1999—2000 年管制時期才出現顯著提高。

（2）從對會計業績的迴歸分析來看，總體上通過組的未來會計業績顯著好於拒絕組的未來會計業績，並且在 1999—2000 年管制時期和 2001—2002 年管制時期進行配股申請的通過組的未來會計業績都顯著好於同期進行配股申請的放棄組的未來會計業績，但是後期進行配股申請的通過組與拒絕組的未來會計業績差異相對於前期的差異在顯著縮小，主要是因為 2001—2002 年管制時期進行配股申請的拒絕組的未來會計業績相對於 1999—2000 年管制時期有了顯著提高，提高程度顯著高於通過組的提高程度；同樣，總體上通過組的未來會計業績顯著好於放棄組的未來會計業績，但只在 2001—2002 年管制時期進行配股申請的通過組的未來會計業績顯著好於同期進行配股申請的放棄組的未來會計業績，然而，2001—2002 年管制時期進行配股申請的通過組與放棄組的未來會計業績差異相對於 1999—2000 年管制時期的差異沒有顯著增大，主要因為 2001—2002 年管制時期進行配股申請的放棄組的未來會計業績相對於 1999—2000 年管制時期沒有出現顯著下降，而且，2001—2002 年管制時期進行配股申請的通過組的未來會計業績相對於 1999—2000 年管制時期也沒有出現顯著提高。

因此，多變量檢驗的結果支持本章的假設 H1 和 H2。

3.4.4 穩健性分析

為了考察結果的穩健性，我們對表 3-8、表 3-9 和表 3-10 的結果做了穩健性分析。其一，我們用持有超常月收益率（Buy-and-Hold Monthly Abnormal Returns，BHAR）衡量長期市場業績重新進行迴歸分析；其二，我們用淨資產營業收益率和總資產淨利潤率分別重新進行迴歸分析。以上穩健性分析結果均顯示，表 3-8、表 3-9 和表 3-10 的主要研究結論不變。

3.5 本章小結

本章研究了處於經濟轉型時期的新興資本市場國家的管制有效性問題。在中國，由於歷史文化和現實的原因，管制無處不在。本章選取 1999—2000 年和 2001—2002 年兩個不同管制時期來研究中國配股管制的有效性。本章研究發現，中國的配股管制在這兩個時期總體上是有效的。我們把配股管制的作用分為直接作用和間接作用，研究發現中國配股管制的直接作用和間接作用都有所發揮，並且，中國配股管制的直接作用和間接作用都有逐步加強的趨勢，存在隨時間推移的演進效應，相對於配股管制的直接作用，配股管制的間接作用表現出一定的柔弱性和緩慢性。

由於管制的作用要通過公司未來的業績體現出來，本章用公司未來的市場業績和會計業績來檢驗中國配股管制的有效性。其中，配股管制的直接作用表現為：配股申請被證監會審核通過的公司（簡稱「通過組」），其未來會計業績和市場業績總體上都顯著好於配股申請被證監會拒絕的公司（簡稱「拒絕

組」），但是只在 2001—2002 年管制時期進行配股申請的通過組的未來市場業績顯著好於其拒絕組。這說明，中國配股管制的直接作用從會計業績來看都顯著有效，但是從市場業績來看只在後一期顯著有效。配股管制的間接作用表現為：通過組的未來會計業績總體上顯著好於自動放棄配股申請的公司（簡稱「放棄組」），但是只在 2001—2002 年管制時期進行配股申請的通過組顯著好於其放棄組，而且只在 2001—2002 年管制時期進行配股申請的通過組的未來會計業績顯著好於同期進行配股申請的放棄組。這說明中國配股管制的間接作用相對於其直接作用來得慢一點，從會計業績和市場業績來看都只在後一期顯著有效。並且，通過組與拒絕組公司之間的會計業績差異有顯著縮小趨勢，2001—2002 年管制時期進行配股申請的通過組與拒絕組公司之間的會計業績的顯著差異程度顯著小於 1999—2000 年管制時期的顯著差異程度，原因在於拒絕組公司的會計業績顯著提高使得兩組之間的差異顯著縮小。這說明，中國配股管制的有效性存在一個隨時間發展而不斷提升的過程，而這種有效性的顯著提升不是體現在通過組的未來會計業績的提高上，而是體現在拒絕組的未來會計業績的顯著提高上，並且，這種有效性的顯著提升沒有在未來市場業績上體現出來，同時，這種有效性的顯著提升只體現在配股管制的直接作用上。

　　本章給我們的理論啟示是：對於一個處於經濟轉型時期的新興資本市場國家來說，管制十分必要而又極其重要，並且管制的作用有直接作用和間接作用之分，有效的管制可以推動一個國家的經濟健康穩定地發展。本章的現實意義在於：進一步完善和推動中國的配股管制，提高配股管制的直接作用和間接作用，對於優化中國證券市場的資源配置和保護投資者利益具有重要的意義，本章提供了這方面的經驗證據和分析。

附錄：配股申請三種結果（通過、拒絕、放棄）之實例

①通過——配股申請之被證監會核准通過

萬科企業股份有限公司（000002）關於配股獲準的公告

本公司於 1999 年 9 月 10 日召開的 1999 年度臨時股東大會審議通過的配股方案，已經深圳市證券管理辦公室（「深證辦字〔1999〕年 178 號」文）初審同意，並獲中國證券監督管理委員會「證監公司字〔1999〕141 號」文核准。

配股方案概要如下：

1. 配售股票類型：人民幣普通股和境內上市外資股。
2. 每股面值：1.00 元人民幣。
3. 配股價格：每股人民幣 7.5 元。
4. 配股比例：以本公司現有總股本 545,537,481 股為基數，按每 10 股配 2.727 股的比例向全體股東配售新股（即以本公司 1998 年 12 月 31 日總股本 495,943,165 股為基數，按每 10 股配 3 股的比例向全體股東配售）。
5. 配股數量：本公司國有股及主要法人股股東已承諾放棄本次配股權且不予轉讓，本公司 B 股市價低於配股價，主要 B 股股東亦已承諾放棄配股權且不予轉讓；預計本次配股實際配售總額為 85,434,460 股人民幣普通股，其中，A 股公眾股 85,431,546 股，法人股 2,914 股。

本公司本次配股的「配股說明書」將於近期內在《中國證券報》和《證券時報》刊登。「配股說明書」是本次配股的法律文件，股東在做出配股決定之前，應首先仔細閱讀「配股說明書」，並將其作為投資決定的依據。

特此公告

承董事會命
秘書肖莉
謹啓
1999 年 12 月 21 日

②拒絕——配股申請之被證監會拒絕

秦皇島渤海物流控股股份有限公司（000889）董事會
關於2002年配股申請未獲中國證監會核准的公告

　　本公司及董事會全體成員保證本公告內容真實、準確、完整，對公告虛假記載、誤導性陳述或重大遺漏負連帶責任。

　　接中國證監會證監函［2003］141號文件《關於對秦皇島渤海物流控股股份有限公司配股申請不予核准的決定》，因公司前兩次募集資金投向變化較大，本次募集投資的秦皇島項目市場風險披露得不夠充分、公司盈利能力呈下降趨勢等原因，本公司2002年配股申請未通過中國證監會股票發行審核委員會（以下簡稱「發審委」）的審核。鑒於發審委不予通過的審核意見，中國證監會根據《中華人民共和國證券法》、《股票發行核准程序》和《股票發行審核委員會條例》的有關規定，對本公司的配股申請做出不予核准的決定。

　　特此公告

秦皇島渤海物流控股股份有限公司董事會
2003年7月11日

③放棄——配股申請之主動放棄

河北威遠生物化工股份有限公司（600803）
2002年第三次臨時股東大會決議公告

　　本公司及董事會全體成員保證公告內容真實、準確和完整，對公告的虛假記載、誤導性陳述或者重大遺漏負連帶責任。
　　一、會議召開和出席情況
　　河北威遠生物化工股份有限公司（以下簡稱「本公司」）2002年第三次臨時股東大會，於2002年11月30日上午九時在本公司會議室召開。出席本次會議的股東和委託代理人共5人，代表公司股份52,174,673股，占公司股份總數的44.03%，符合《中華人民共和國公司法》和《公司章程》的有關規定。會議由公司董事長霍麗君女士主持，公司部分董事、監事及高管人員列席了會議。

二、審議通過的議案

本次股東大會以記名投票方式逐項審議通過了如下議案：

1.「關於出售公司部分資產的議案」

同意 48,960 股，占出席會議並投票有效表決權的 100%，反對 0 股，棄權 0 股。

該項議案屬關聯交易，關聯股東河北威遠集團有限公司放棄了表決權，其持有的股份未計入有效表決總數。

2.「關於放棄 2001 年度配股計劃的議案」

同意 52,174,673 股，占出席會議並投票有效表決權的 100%，反對 0 股，棄權 0 股。

三、律師出具的法律意見

經北京市鼎業律師事務所李嘉升律師到場見證，本次股東大會的召集、召開程序、出席本次股東大會的人員資格及表決程序均符合《中華人民共和國公司法》、《股東大會規範意見》、《公司章程》及其他有關法律法規的規定，見證律師為本次股東大會出具了法律意見書。

四、備查文件目錄

1. 載有與會董事和董事會秘書簽字確認的股東大會決議
2. 北京市鼎業律師事務所為本次臨時股東大會出具的法律意見書

特此公告

河北威遠生物化工股份有限公司董事會
2002 年 11 月 30 日

第四章
配股融資過程中的盈餘管理行為與政府管制有效性

本章將細緻闡述上市公司配股融資過程中的應計盈餘管理、線下項目盈餘管理、真實盈餘管理三種盈餘管理行為和差異及對資源配置效率的影響，並考察政府管制對這三種盈餘管理行為的抑制及其表現出的不同的有效性。

4.1　引言

中國上市公司在配股融資過程中瘋狂的盈餘管理行為，也成為公認的事實（陳小悅等，2000；閻達五等，2001；Yu et al.，2006）。雖然中國政府對此採取了一系列的管制措施[①]，但管制的效果不盡如人意（Chen and Yuan，2004；Haw et al.，2005）。由此，盈餘管理成為關係到保護投資者利益和提高證券市場資源配置效率的重大研究課題。

在中國特殊的配股管制環境下，盈餘管理的具體策略表現方式可能與西方國家不一致。沿襲西方的研究（如 Teoh et al.，1998；Rangan，1998；Shivakumar，2000），張祥建、徐晉（2005）和陸正飛、魏濤（2006）研究發現中國上市公司在配股融資過程中存在應計盈餘管理（Accrual-based Earnings Management）行為，應計盈餘的反轉導致公司配股後業績下降。但是，Chen and Yuan（2004）研究發現應計盈餘管理不能在中國配股管制過程中被監管者有效識別，能被監管者有效識別的是線下項目盈餘管理（Earnings Management from Below-the-line Items）。他們結合中國的制度背景研究發現，在中國證券市場上，線下項目的盈餘操縱可以很好刻畫中國上市公司的盈餘管理行為。此外，Haw et al.（2005）和 Yu et al.（2006）認

[①] 如中國證監會要求配股申請的公司在最近三年內財務會計文件無虛假記載或重大遺漏。而且，中國的配股管制是全球金融市場上一項獨特的管制。

為線下項目盈餘管理是中國上市公司主要的盈餘管理策略行為。[1]
而 Cohen and Zarowin（2010）發現美國的市場上真實盈餘管理
（Real Earnings Management）比應計盈餘管理更能解釋公司供股
（或股權再融資）後的業績下滑原因，真實盈餘管理是美國上市公
司再融資過程中主要的盈餘管理策略行為。[2]

由此便產生了如下問題：在中國特殊的配股管制環境下，中國上市公司在配股融資過程中是否存在真實盈餘管理；如果存在真實盈餘管理，它與應計盈餘管理、線下項目盈餘管理是否共存於中國的上市公司以及它們被採用的程度有什麼不同；進一步，真實盈餘管理與應計盈餘管理、線下項目盈餘管理能否被監管者識別；如果能識別，它們被識別的程度有什麼不同以及它們對資源配置效率有什麼不同影響。這一系列問題能否解決關係到中國證券市場能否健康發展以及政府管制、會計改革是否有效，然而已有的研究卻缺乏對此的深入分析和回答。

在此基礎上，本章立足於中國現實，研究盈餘管理策略、配股管制與資源配置效率的內在邏輯關係，試圖回答上面的問題，並著重刻畫應計盈餘管理、線下項目盈餘管理、真實盈餘管理這三種盈餘管理策略在中國上市公司配股融資過程中的狀況，檢驗它們對中國配股管制的有效性以及對資源配置效率的影響。研究結果表明，中國上市公司存在應計盈餘管理、線下項目盈餘管理、真實盈餘管理三種盈餘管理策略，但是，它們在配股融資過程中被採用的頻率並不一致，應計盈餘管理被採用的頻率最高；政府監管者對這三種盈餘管理策略的識別情況不一樣，只有線下項目盈餘管理和真實盈餘管理能被有效識別，而線下項目盈餘管理又最容易被監管者識別；

---

[1] Haw et al.（2005）認為，在中國這樣的新興加轉軌市場環境中，相對於應計盈餘管理，線下項目盈餘管理更容易被連續操縱。

[2] Graham et al.（2005）通過對美國公司高管人員的調查和研究，發現：相對於應計盈餘管理，他們更偏好真實盈餘管理，因為真實盈餘管理不容易被審計師和監管者發現，同時，真實盈餘管理更能有效實現他們的動機。

此外，這三種盈餘管理策略對資源配置效率的負面影響表現出不同的程度，三種盈餘管理策略對資源配置效率都有顯著的負面影響，而線下項目盈餘管理的負面影響程度最大。

本章的貢獻在於：①中國上市公司的配股融資活動中不但存在真實盈餘管理，而且存在應計盈餘管理、線下項目盈餘管理，三者一併構成了上市公司的盈餘管理策略，這為系統地審視中國上市公司的盈餘管理策略行為提供了新思路；②在中國配股管制背景下，應計盈餘管理、線下項目盈餘管理、真實盈餘管理三種盈餘管理策略被採用的頻率不盡相同，並且，是否能被監管者識別以及被識別的程度也不盡相同，這為中國會計改革和配股管制的演進提供了新的經驗證據和政策啟示；③應計盈餘管理、線下項目盈餘管理、真實盈餘管理三種盈餘管理策略對中國資源配置效率的負面影響程度不盡相同，這為中國證券市場改革和健康發展提供了有益的理論指導。

4.2　理論分析和研究假設

本部分結合中國的相關制度背景，對盈餘管理策略、配股管制與資源配置效率進行理論分析，在此基礎上提出研究假設。

1. 真實盈餘管理與應計盈餘管理和線下項目盈餘管理

管制是盈餘管理的主要動因之一（Healy and Wahlen, 1999），特別是以會計業績指標為基礎進行監管容易導致上市公司的盈餘管理和操縱行為（Watts and Zimmerman, 1990）。相應的，中國以會計業績指標為基礎進行的配股管制[①]，也同樣誘發

---

① 如中國的配股管制在1999年和2001年的政策中分別要求上市公司最近三年的資產回報率平均在10%或6%以上才能申請配股融資。

了上市公司的盈餘管理行為（Yu et al., 2006; Jian and Wong, 2010）。

　　已有的研究主要從應計盈餘管理和線下項目盈餘管理視角來考察中國配股管制引發的盈餘管理行為（如雷光勇、劉慧龍, 2006; Ding et al., 2007; Liu and Lu, 2007），未能從真實盈餘管理視角進行考察。最早對真實盈餘管理進行定義和描述的是Schipper（1989）。她指出，相對於通過會計政策的選擇和判斷進行的應計盈餘管理，真實盈餘管理則是通過安排如投資、融資、生產等真實交易活動進行的盈餘管理。相關的經驗證據也顯示的確存在真實盈餘管理行為（Dechow and Sloan, 1991; Bartov, 1993; Burgstahlor and Dichev, 1997; Graham et al., 2005）。而對真實盈餘管理進行嚴格定義和系統研究的則是Roy-chowdhury（2006），他把真實盈餘管理定義為經理人為了實現特定的盈利目標而採取的偏離正常交易活動的行為，並且，真實盈餘管理會影響公司的現金流從而降低公司未來的價值。此外，Cohen and Zarowin（2010）發現美國市場上再融資過程中存在真實盈餘管理，而且，真實盈餘管理比應計盈餘管理更能使公司再融資後業績出現下滑。

　　已有的研究表明，雖然缺乏對中國配股過程中真實盈餘管理的系統考察，但是部分經驗證據表明中國證券市場上也存在真實盈餘管理，主要表現為上市公司的關聯交易（陳曉、王琨, 2005; Aharony et al., 2010; Lo et al., 2010）、資產處置（白雲霞等, 2005）、非經常性損益（魏濤等, 2007）等具體形式的盈餘管理行為。而且，李彬等（2009）按照Roychowdhury（2006）的定義，在中國證券市場上也發現了真實盈餘管理行為。Jian and Wong（2010）進一步研究發現在中國的配股融資活動中存在明顯的以關聯交易方式進行的盈餘管理支持行為。由於真實盈餘管理相對於應計盈餘管理不容易被審計師和監管

者發現，並且，真實盈餘管理使公司管理者和大股東更容易實現個人動機，所以，公司經理人更青睞採用真實盈餘管理（Graham et al.，2005）。此外，Cohen et al.（2008）認為，真實盈餘管理並不是單獨運用，而是與應計盈餘管理一起形成一套組合策略。如此，結合前面的分析和已有的經驗證據，可以預測中國配股融資過程中存在真實盈餘管理，並且與應計盈餘管理、線下項目盈餘管理共同存在。由此，本章提出如下假設：

假設H1：中國配股融資過程中不但存在真實盈餘管理，而且與應計盈餘管理、線下項目盈餘管理共同存在。

2. 配股管制與盈餘管理策略、資源配置效率

市場由於不完善因而需要管制（Stigler，1964），並且管制有逐漸加強的趨勢（Glaeser and shleifer，2003）。證券市場的管制可以保護中小投資者的利益（Zingales，2009），而對一個投資者保護比較弱的新興市場國家來說，管制的重要性更是不言而喻（Pistor and Xu，2005）。中國實施配股管制的初衷就是為了提高證券市場的資源配置效率進而推動證券市場健康發展。

就中國配股管制有效性的討論，主要有兩種觀點：一種觀點認為，中國的配股管制引發了上市公司的盈餘管理行為（陳小悅等，2000；Yu et al.，2006；Jian and Wong，2010），扭曲了證券市場的資源配置功能，配股管制並不能提高證券市場的配置效率（吳文鋒等，2005）；另一種觀點認為，中國的配股管制對盈餘管理有一定程度的抑制（Chen and Yuan，2004；Haw et al.，2005），配股管制在保護投資者利益和資源配置上是有效的（王正位等，2006；Yang and Su，2008）。

然而，配股管制對盈餘管理有一定程度的抑制之經驗證據還不充足。如前文所述，上市公司在盈餘管理上存在一套組合策略（Cohen et al.，2008），相對於美國市場，中國的上市公司不但可以採用應計盈餘管理、真實盈餘管理，還可以同時採用

線下項目盈餘管理。Chen and Yuan（2004）認為，監管者面臨輿論的監督和工作壓力，他們能在一定程度上識別出線下項目應計盈餘管理並進行抑制，但是他們發現在中國配股管制中監管者不能對應計盈餘管理進行有效識別和抑制。隨後，Haw et al.（2005）也發現了一致的經驗證據。那麼，真實盈餘管理能否在中國的配股管制過程中被監管者識別和抑制，這有待檢驗。因此，結合以上分析，本章提出一個備擇性假設：

　　假設 H2：在中國的配股管制中，監管者不但可以識別和抑制線下項目盈餘管理，而且可以識別和抑制真實盈餘管理。

　　盈餘管理對資源配置效率的負面影響，主要表現在盈餘管理使公司再融資後的業績下滑。Teoh et al.（1998）、Rangan（1998）、Shivakumar（2000）經研究美國證券市場發現，應計盈餘管理使公司再融資後的會計業績顯著下滑。張祥建、徐晉（2005）和陸正飛、魏濤（2006）在研究中國的證券市場後也發現了類似的現象。隨著研究的深入，Cohen and Zarowin（2010）經研究美國證券市場發現，相對於應計盈餘管理，真實盈餘管理更能使公司再融資後業績出現下滑。Chen and Yuan（2004）結合中國的制度背景研究發現，在中國證券市場上，線下項目的盈餘操縱可以很好刻畫中國上市公司的盈餘管理行為，雖然線下項目盈餘管理使公司配股後的業績出現下降，但是中國的配股管制對公司配股後的業績有顯著的正面影響。然而，他們只研究了盈餘管理對配股申請成功的公司的業績影響，沒有研究對配股申請失敗的公司的業績影響[1]，並且在盈餘管理的考量上僅局限於線下項目盈餘管理。

---

[1] 根據中國證監會的規定，需要配股融資的上市公司須向中國證監會申請並提交相關材料，如果證監會核准通過，則上市公司獲得配股資格，隨後可以進行配股融資。因此，配股申請成功的公司是指配股申請被證監會核准通過的公司，簡稱通過組，配股申請失敗的公司是指配股申請被證監會拒絕而未通過的公司，簡稱拒絕組，下同。

可見，在立足中國的證券市場研究盈餘管理對公司配股業績的影響時，如果片面地以應計盈餘管理或者以線下項目盈餘管理進行分析，並且不結合中國配股管制的有效性進行考慮，就顯得不夠全面。從以上的分析可以知道，在中國證券市場上應計盈餘管理、線下項目盈餘管理都會使公司配股後業績出現顯著下滑，而真實盈餘管理能否使公司配股後業績下滑還有待檢驗。由此，本章提出假設 H3：

假設 H3：在中國證券市場上，不但應計盈餘管理、線下項目盈餘管理使公司配股後的業績顯著下滑，而且真實盈餘管理也會使公司配股後的業績顯著下滑。

此外，以往的研究只局限於研究盈餘管理對配股申請成功的公司的業績的影響，缺乏對配股申請失敗的公司的業績影響的研究。中國配股管制的有效性體現為在一定程度上可以抑制上市公司的盈餘管理（Chen and Yuan, 2004; Haw et al., 2005），換言之，中國配股申請失敗的公司在盈餘管理的操縱程度上比配股申請成功的公司更猖狂，由此推知，盈餘管理[1]既然能使配股申請成功的公司之業績顯著下滑，同樣，也能使配股申請失敗的公司之業績顯著下滑，並且盈餘管理對配股申請失敗公司的業績的負面影響程度可能比對配股申請成功公司更嚴重。[2] 因此，本章提出假設 H4：

假設 H4：在中國證券市場上，盈餘管理不但使配股申請成功的公司之業績顯著下滑，而且更會使配股申請失敗的公司之業績顯著下滑。

---

[1] 此處的盈餘管理指的是應計盈餘管理、真實盈餘管理、線下項目盈餘管理三種盈餘管理策略。

[2] 我們認為，盈餘管理對公司業績的負面影響具有累進或遞增效應，盈餘管理越猖狂，公司業績惡化越嚴重。

4.3 研究設計

4.3.1 數據樣本

本章以手工收集的 1999—2002 年管制時期向證監會提交配股申請的公司的相關數據為研究樣本檢驗前面提出的假設。我們選取樣本的依據是：凡是上市公司在 1999—2002 年期間向證監會提交了配股申請的就作為我們的研究樣本觀察值；如果上市公司提交的配股議案得到中國證監會的核准並進行了公告，我們視為該上市公司的配股申請被證監會核准通過，表示配股申請成功，簡稱「通過組」，否則，樣本公司就被視為被證監會拒絕，表示配股申請失敗，簡稱「拒絕組」；並且，我們的樣本觀察值不包括金融類公司和股票首次公開發行後第二年進行配股申請的公司。經過篩選，我們最後得到的樣本觀察值為 497 家，研究樣本的基本情況如表 4-1。其他數據來自 CSMAR 和 WIND 數據庫。

表 4-1　　　　　研究樣本的基本情況

管制時期	年度	觀察值	拒絕組	通過組	證監會審核通過率
1999—2000	1999	159	26	133	0.8365
	2000	207	27	180	0.8696
	小計	366	53	313	0.855
2001—2002	2001	79	36	43	0.5443
	2002	52	34	18	0.3462
	小計	131	70	61	0.466
1999—2000	總計	497	123	374	0.753

註：證監會審核通過率 = 通過組／（通過組＋拒絕組）

4.3.2 檢驗模型與變量設定

1. 盈餘管理策略與配股管制

為了檢驗應計盈餘管理、線下項目盈餘管理、真實盈餘管理三種盈餘管理策略在配股管制過程中被識別的情況，我們構建如下 Logistic 迴歸模型：

$$\text{Prob}(\text{Approve}=1)$$
$$=1-F[-(a_0+a_1\text{Regl\_01}+a_2\text{EM}+a_3\text{Pre\_ROA}+a_4\text{CR}+a_5\text{Lev}+a_6\text{Growth}+a_7\text{Size})] \quad (1)$$

因變量：Approve，虛擬變量，如果上市公司的配股申請被證監會審核通過，取值為 1，如果被拒絕，取值為 0；F 假定為來自 Logistic 分佈的累積分佈函數。

測試變量：EM，表示三種盈餘管理策略，即應計盈餘管理、線下項目盈餘管理、真實盈餘管理[①]。如果 EM 的迴歸系數統計上顯著為負，表示上市公司的盈餘管理策略在配股管制過程中能被監管者識別。

控制變量：Regl_01，虛擬變量，當樣本公司配股申請年度在 2001 年配股管制政策後取值為 1，否則取值為 0。我們把該變量放入模型中，是為了看證監會在 2001 年配股管制政策前後兩個管制時期對上市公司配股資格審核的嚴格程度是否有差異。Pre_ROA，樣本公司前三年的平均總資產淨利潤率。我們把該變量放入模型中，是為了控制樣本公司的業績對證監會審核上

[①] 應計盈餘管理，根據 Jones 模型分年度分行業進行橫截面迴歸估計得到，本章以 DA 標示；線下項目盈餘管理，參考 Chen and Yuan（2004）和 Haw et al.（2005）的做法，根據中國會計準則，選取經行業調整的線下項目利潤並以總資產進行標準化，本章以 ENOI 標示；真實盈餘管理，根據 Roychowdhury（2006）的模型分年度分行業進行橫截面迴歸估計得到，採用異常經營現金流（AOCF）、異常經營管理費用（ADISX）、異常生產成本（APROD）三個指標衡量，關於真實盈餘管理的具體論述和建模，Roychowdhury（2006）進行了詳細的闡釋，這裡不再贅述。

市公司配股資格的影響。CR，流動比率，Lev，負債比率，這兩個指標表示樣本公司對權益融資的需求程度。我們把該變量放入模型中，是為了控制樣本公司權益融資的需求程度對證監會審核上市公司配股資格的影響。Growth，主營業務收入增長率，代表公司的成長性。我們把該變量放入模型中，是為了控制樣本公司的成長性對證監會審核上市公司配股資格的影響。Size，資產規模，取其自然對數。我們把該變量放入模型中，是為了控制樣本公司的資產規模對證監會審核上市公司配股資格的影響。

2. 盈餘管理策略、配股管制與資源配置效率

為了檢驗盈餘管理策略、配股管制對資源配置效率的影響，我們構建如下模型：

$$IAROA = b_0 + b_1 \text{ Approve} + b_2 \text{ EM} + b_3 \text{ Growth} + b_4 \text{ Size} + \varepsilon \quad (2)$$

$$IAROA = b_0 + b_1 \text{ Approve} + b_2 \text{ EM\_Apv} + b_3 \text{ EM\_Dey} + b_4 \text{ Growth} + b_5 \text{ Size} + \varepsilon \quad (3)$$

模型（2）用來檢驗假設 H3，即檢驗三種盈餘管理策略對公司[①]配股後業績的影響；模型（3）用來檢驗假設 H4，即檢驗三種盈餘管理策略對配股成功的公司（通過組）和配股失敗的公司（拒絕組）配股後各自業績的影響。

因變量：IAROA，表示公司經行業調整的經營業績，即公司配股議案公告[②]後三個會計年度的經行業調整的總資產營業利潤率的平均數。

測試變量：在模型（2）裡，EM，表示三種盈餘管理策略，

[①] 本章的研究樣本包括配股申請被證監會核准通過的公司（即通過組）和被證監會拒絕的公司（即拒絕組），因此，除非特別說明，本章的「配股公司」指的是向證監會提出了配股申請的公司。

[②] 選擇配股議案公告日為事件日，有利於比較通過組與拒絕組的會計業績表現，同時也有利於分析上市公司盈餘管理策略在配股管制過程中被識別的情形。

即應計盈餘管理、線下項目盈餘管理、真實盈餘管理。EM 的迴歸系數 b_2 表示三種盈餘管理策略對公司配股後會計業績的影響程度。在模型（3）裡，EM_ Apv，盈餘管理策略與通過組的交乘項，其迴歸系數 b_2 表示盈餘管理策略對通過組公司配股後業績的影響程度；EM_ Dey，盈餘管理策略與拒絕組的交乘項，其迴歸系數 b_3 表示盈餘管理策略對拒絕組公司配股後業績的影響程度。

控制變量：Approve，虛擬變量，配股申請被證監會核准通過的公司，其取值為1，否則為0。在模型（2）裡，Approve 的迴歸系數用以控制通過組配股後業績與拒絕組配股後業績的差異程度；在模型（3）裡，由於交乘項的存在而把 Approve 放入到模型裡進行控制。Growth 和 Size，這兩個連續變量與模型（1）的定義一致，不再贅述。

另外，我們對迴歸模型中的連續變量都進行了 1% 水準的 Winsorize 處理，以此來控制極值的影響。

4.4 實證結果及分析

4.4.1 應計盈餘管理、線下項目盈餘管理、真實盈餘管理

以下的表4-2顯示的是公司配股議案公告前後三年應計盈餘管理的情況。

表 4-2　　　　　　　　　　應計盈餘管理（DA）

年度		-3	-2	-1	0	1	2	3	配股前三年	配股後三年
通過組	均值	0.0159	0.0290	0.0152	0.0232	0.0224	0.0058	0.0007	0.0188	0.0096
	T	1.14	3.35***	3.51***	5.44***	5.37***	1.62	0.17	4.83***	4.27***
	中位數	0.0046	0.0316	0.0142	0.0207	0.0137	0.0076	-0.0015	0.0189	0.0062
	Z	0.84	3.50***	3.47***	4.96***	4.94***	2.01**	-0.27	4.79***	3.93***
拒絕組	均值	0.0105	0.0286	0.0238	0.0096	-0.0114	-0.0054	-0.0192	0.0224	-0.0120
	T	0.86	2.19**	3.09***	1.21	-1.35	-0.58	-2.04**	3.74***	-2.29**
	中位數	0.0000	0.0233	0.0199	0.0104	-0.0092	-0.0108	-0.0124	0.0175	-0.0105
	Z	0.42	2.19**	2.80***	1.45	-1.42	-0.70	-1.95**	3.39***	-2.32**
通過組-拒絕組	T	0.30	0.03	-0.98	1.51	3.60***	1.12	1.95*	-0.51	3.79***
	Z	0.15	0.18	-0.78	1.33	3.67***	1.54	1.84*	-0.23	3.98***

註：①以配股議案公告當年為基準年，即配股議案公告當年為「0」，配股議案公告前第 1 年為「-1」，配股議案公告後第 1 年為「1」，依此類推。

②本章對應計盈餘管理在通過組、拒絕組、通過組與拒絕組的差異分別進行 T 檢驗和 Z 檢驗（即 Wilcoxon Signed Ranks Test）。「*」、「**」和「***」分別表示在 10%、5% 和 1% 水準下顯著（雙尾檢驗）。

從表 4-2 可知，通過組和拒絕組在配股前三年其應計盈餘管理整體上顯著大於 0，這說明配股前都在統計上進行了顯著的正向應計盈餘管理。在配股後三年，通過組的應計盈餘管理在整體上顯著大於 0，表明通過組配股後在統計上仍然表現為顯著的正向應計盈餘管理，但是，其正向應計盈餘管理的程度小於配股前正向應計盈餘管理程度，說明配股前高強度的正向應計盈餘管理很難維持，配股後出現了一定程度的反轉；而拒絕組的應計盈餘管理在配股後三年整體上顯著小於 0，表明拒絕組在配股後進行了統計上顯著的負向應計盈餘管理，其應計盈餘管理出現了明顯的反轉。由此造成配股後通過組的應計盈餘管理顯著高於拒絕組的應計盈餘管理。

表 4-3 顯示的是公司配股議案公告前後三年線下項目盈餘管理的情況。

表4-3　　　　　　　線下項目盈餘管理（ENOI）

年度		-3	-2	-1	0	1	2	3	配股前三年	配股後三年
通過組	均值	0.0114	0.0109	0.0076	0.0071	0.0055	0.0025	0.0027	0.0089	0.0035
	T	3.73***	5.43***	7.52***	7.17***	5.01***	2.40**	2.41**	9.96***	5.68***
	中位數	0.0011	0.0045	0.0034	0.0002	0.0013	0.0002	0.0002	0.0036	0.0004
	Z	2.51**	4.48***	6.14***	4.80***	4.39***	2.56**	2.71***	7.93***	5.60***
拒絕組	均值	0.0109	0.0141	0.0140	0.0047	-0.0023	-0.0067	-0.0015	0.0134	-0.0035
	T	3.04***	4.09***	5.59***	2.54**	-1.03	-2.74***	-0.59	7.58***	-2.50**
	中位數	0.0051	0.0052	0.0025	0.0008	-0.0027	-0.0019	-0.0007	0.0043	-0.0018
	Z	2.47**	3.22***	4.15***	2.42**	-1.69*	-2.89***	-1.33	5.84***	-3.42***
通過組-拒絕組	T	0.10	-0.81	-2.35**	1.13	3.13***	3.45***	1.49	-2.24**	4.59***
	Z	-0.16	-0.25	-1.32	0.29	3.73***	3.85***	2.49**	-1.29	5.85***

註：①以配股議案公告當年為基準年，即配股議案公告當年為「0」，配股議案公告前第1年為「-1」，配股議案公告後第1年為「1」，依此類推。

②本章對線下項目盈餘管理在通過組、拒絕組、通過組與拒絕組的差異分別進行T檢驗和Z檢驗（即Wilcoxon Signed Ranks Test）。「*」、「**」和「***」分別表示在10%、5%和1%水準下顯著（雙尾檢驗）。

表4-3的結果和表4-2類似，通過組和拒絕組在配股前三年其線下項目盈餘管理整體上都顯著大於0，這說明配股前都在統計上進行了顯著的正向線下項目盈餘管理，進一步發現，通過組配股前的線下項目盈餘管理在T檢驗上顯著小於拒絕組的線下項目盈餘管理。在配股後三年，通過組的線下項目盈餘管理整體上顯著大於0，表明通過組配股後在統計上仍然表現為顯著的正向線下項目盈餘管理，但是，其正向線下項目盈餘管理的程度小於配股前正向線下盈餘管理程度，說明配股前高強度的正向線下項目盈餘管理很難維持，配股後出現了一定程度的反轉；而拒絕組的線下項目盈餘管理在配股後三年整體上顯著小於0，表明拒絕組在配股後進行了統計上顯著的負向線下項目盈餘管理，其線下項目盈餘管出現了明顯的反轉。由此造成配股後通過組的線下項目盈餘管理顯著高於拒絕組的線下項目盈餘管理。

表 4-4 顯示的是公司配股議案公告前後三年異常經營現金流①的情況。

表 4-4　真實盈餘管理之異常經營現金流（AOCF）

年度		−3	−2	−1	0	1	2	3	配股前三年	配股後三年
通過組	均值	0.0033	−0.0004	0.0140	0.0009	−0.0089	−0.0024	−0.0048	0.0090	−0.0053
	T	0.27	−0.05	3.35***	0.19	−2.04**	−0.66	−1.26	2.47**	−2.36**
	中位數	0.0069	0.0059	0.0114	0.0029	−0.0013	−0.0005	−0.0008	0.0086	−0.0007
	Z	0.60	0.13	3.28***	0.70	−1.45	−0.53	−0.44	2.81***	−1.40
拒絕組	均值	0.0133	−0.0093	0.0007	−0.0014	0.0015	−0.0073	0.0094	0.0005	0.0012
	T	1.10	−0.71	0.11	−0.19	0.21	−0.86	1.12	0.08	0.26
	中位數	0.0129	−0.0040	0.0031	−0.0066	0.0038	−0.0074	0.0083	0.0031	0.0027
	Z	1.47	−0.56	0.10	−0.46	0.73	−0.88	1.55	0.47	0.81
通過組−拒絕組	T	−0.58	0.58	1.62	0.26	−1.26	0.54	−1.53	1.25	−1.27
	Z	−0.49	0.54	1.59	0.67	−1.22	0.55	−1.84*	1.18	−1.46

註：①以配股議案公告當年為基準年，即配股議案公告當年為「0」，配股議案公告前第 1 年為「−1」，配股議案公告後第 1 年為「1」，依此類推。
②本章對異常經營現金流在通過組、拒絕組、通過組與拒絕組的差異分別進行 T 檢驗和 Z 檢驗（即 Wilcoxon Signed Ranks Test）。「*」、「**」和「***」分別表示在 10%、5% 和 1% 水準下顯著（雙尾檢驗）。

從表 4-4 可知，通過組的異常經營現金流在配股前三年總體上顯著大於 0，表明通過組在配股前產生的經營現金流比預期的正常水準高，這與 Cohen and Zarowin（2010）在美國市場上的發現不一致②。在配股後三年，通過組總體上其均值在 T 檢驗上顯著小於 0，說明通過組在配股後產生的經營現金流比預期的低，這可能是因為通過組在配股融資後產生了大量的閒置資金，

---

①　Roychowdhury（2006）認為，異常經營現金流表徵公司操縱銷售活動進行真實盈餘管理的程度，公司可以操縱銷售活動方式提高利潤，但是這會降低公司當期經營現金流水準，這一分析在美國證券市場上得到經驗數據支持。
②　Cohen and Zarowin（2010）發現美國證券市場上公司在股權再融資（SEO）前後其異常經營現金流顯著低於 0，表明公司在股權再融資前後採用了以操縱銷售活動方式提高利潤的真實盈餘管理。

导致代理成本过高从而影响了公司的经营业绩（杜沔、王良成，2006）。

表4-5显示的是公司配股议案公告前后三年异常经营管理费用[1]的情况。

表4-5 真实盈余管理之异常经营管理费用（ADISX）

年度		-3	-2	-1	0	1	2	3	配股前三年	配股后三年
通过组	均值	0.0041	0.0040	-0.0045	-0.0022	-0.0046	-0.0042	-0.0028	-0.0013	-0.0039
	T	0.89	0.96	-2.13**	-0.95	-2.12**	-1.85*	-1.12	-0.71	-2.89***
	中位数	0.0004	-0.0102	-0.0116	-0.0097	-0.0104	-0.0111	-0.0106	-0.0101	-0.0108
	Z	0.43	-1.45	-4.95***	-3.66***	-4.24***	-4.10***	-3.43***	-4.47***	-6.82***
拒绝组	均值	-0.0106	-0.0079	-0.0149	-0.0043	-0.0030	0.0001	0.0003	-0.0119	-0.0009
	T	-2.35**	-1.91*	-5.01***	-1.02	-0.73	0.02	0.06	-5.59***	-0.31
	中位数	-0.0150	-0.0098	-0.0162	-0.0133	-0.0094	-0.0048	-0.0132	-0.0140	-0.0094
	Z	-2.45**	-1.68*	-4.63***	-2.77***	-1.95*	-1.02	-1.28	-5.25***	-2.52**
通过组-拒绝组	T	2.27**	2.03**	2.86***	0.45	-0.34	-0.80	-0.54	3.84***	-0.98
	Z	2.15**	0.69	2.18**	1.11	-0.08	-0.89	-0.19	2.48**	-0.66

注：①以配股议案公告当年为基准年，即配股议案公告当年为「0」，配股议案公告前1年为「-1」，配股议案公告后第1年为「1」，依此类推。

②本章对异常经营管理费用在通过组、拒绝组、通过组与拒绝组的差异分别进行T检验和Z检验（即Wilcoxon Signed Ranks Test）。「*」、「**」和「***」分别表示在10%、5%和1%水准下显著（双尾检验）。

从表4-5可知，通过组和拒绝组在配股前后三年其异常经营管理费用总体上都显著小于0，表明通过组和拒绝组在配股前后都进行了以操纵经营管理费用提高利润的真实盈余管理。进一步发现，在配股前三年，拒绝组的异常经营管理费用总体上

---

[1] 根据Roychowdhury（2006）的分析，异常经营管理费用表徵公司操纵经营管理费用进行真实盈余管理的程度，公司可以降低或削减经营管理费用（如研发费用支出、广告费用支出、维修费用支出和一般管理费用支出等）来提高利润。Cohen and Zarowin（2010）发现美国证券市场上公司在SEO前存在降低或削减经营管理费用提高利润的真实盈余管理。

顯著低於通過組，表明拒絕組在配股前操縱經營管理費用提高利潤的真實盈餘管理程度比通過組更高。

表 4-6 顯示的是公司配股議案公告前後三年異常生產成本①的情況。

表4-6　　真實盈餘管理之異常生產成本（APROD）

年度		-3	-2	-1	0	1	2	3	配股前三年	配股後三年
通過組	均值	-0.0232	-0.0095	-0.0118	-0.0071	-0.0006	0.0016	0.0064	-0.0127	0.0025
	T	-2.68***	-1.21	-2.79***	-1.69*	-0.15	0.41	1.50	-3.65***	1.06
	中位數	-0.0172	-0.0129	-0.0152	-0.0087	-0.0032	-0.0005	0.0024	-0.0147	0.0001
	Z	-2.49**	-2.04**	-3.44***	-2.44**	-0.66	0.13	0.77	-4.65***	0.17
拒絕組	均值	-0.0130	-0.0135	-0.0028	0.0106	0.0008	-0.0005	-0.0097	-0.0081	-0.0031
	T	-1.23	-1.65	-0.38	1.34	0.11	-0.07	-1.16	-1.66*	-0.69
	中位數	-0.0216	-0.0179	-0.0018	0.0083	-0.0017	0.0077	-0.0049	-0.0117	-0.0006
	Z	-1.85*	-1.71*	-1.00	1.29	-0.43	0.21	-1.32	-2.52**	-0.84
通過組-拒絕組	T	-0.75	0.35	-1.07	-1.98**	-0.17	0.24	1.71*	-0.77	1.10
	Z	-0.13	0.19	-1.08	-2.29**	0.00	0.21	1.63	-0.77	0.84

註：①以配股議案公告當年為基準年，即配股議案公告當年為「0」，配股議案公告前第1年為「-1」，配股議案公告後第1年為「1」，依此類推。

②本章對異常生產成本在通過組、拒絕組、通過組與拒絕組的差異分別進行 T 檢驗和 Z 檢驗（即 Wilcoxon Signed Ranks Test）。「*」、「**」和「***」分別表示在 10%、5% 和 1% 水準下顯著（雙尾檢驗）。

從表4-6可知，在配股前三年，通過組和拒絕組的異常生產成本總體上顯著小於0，表明通過組和拒絕組配股前其單位銷

---

① Roychowdhury（2006）認為，異常生產成本表徵公司操縱生產活動進行真實盈餘管理的程度，公司可以提高產量降低固定生產成本的分攤率，進而使總的單位生產成本下降以使公司經營利潤率提高，但是，由於公司的銷售水準有限，過高的產量會帶來其他的生產成本和過重的產品存儲保管成本，因此，既定公司銷售水準情形下，提高產量會導致公司產品銷售單位的經營現金流水準下降，承擔過高的生產和存儲保管成本。Roychowdhury（2006）發現美國市場上公司為了避免虧損進行提高產量以操縱利潤的真實盈餘管理，導致單位銷售產品的生產成本（包括生產和存儲保管成本）上升。

售產品承擔的生產成本比預期的正常水準都低，這與 Cohen and Zarowin（2010）在美國市場上的發現不一致[①]，這可能是因為中國上市公司利用關聯交易來進行盈餘管理（Jian and Wong, 2010），從而消化了過多的生產產量使得單位銷售產品承擔的生產成本比預期的正常水準低。

綜上可知，應計盈餘管理、線下項目盈餘管理、真實盈餘管理（即異常經營現金流、異常經營管理費用、異常生產成本）三種盈餘管理策略在中國上市公司的配股過程中都顯著存在，支持本章的假設 H1。並且，比較配股前應計盈餘管理、線下項目盈餘管理、真實盈餘管理三種盈餘管理策略可以發現，應計盈餘管理是公司採用頻率最高的一種盈餘管理策略。同時，相對於通過組，拒絕組在應計盈餘管理和線下項目盈餘管理上都表現出顯著的反轉。另外，拒絕組在配股前的線下項目盈餘管理比通過組正向操縱得更強烈。重要的是，異常經營現金流在配股前並非顯著為負，而是顯著為正，異常生產成本在配股前不是顯著為正，而是顯著為負，這可能是因為中國證券市場上存在以關聯交易方式的盈餘管理（Jian and Wong, 2010），導致中國證券市場上的真實盈餘管理與美國市場的情況不一樣。

4.4.2　盈餘管理策略與配股管制

以下的表 4-7 顯示的是盈餘管理策略與配股管制的 Logistic 迴歸結果。

[①] Cohen and Zarowin（2010）發現美國證券市場上公司在股權再融資當年提高產量，導致單位銷售產品承擔的生產和存儲保管成本上升。

表4-7 盈餘管理策略與配股管制的 Logistic 迴歸結果

	因變量：公司配股申請被核准的情況 Approve				
	系數	系數	系數	系數	系數
Regl_01	−2.0989 (−8.19)***	−2.2197 (−8.13)***	−2.1429 (−8.24)***	−2.0924 (−8.09)***	−2.0955 (−8.15)***
DA	−1.6395 (−0.98)				
ENOI		−21.7503 (−3.6)***			
AOCF			3.1893 (1.8)*		
ADISX				8.4283 (2.42)***	
APROD					−0.9806 (−0.61)
PreROA	1.3037 (0.24)	3.4933 (0.63)	4.4301 (0.76)	1.5489 (0.29)	0.5113 (0.1)
CR	−0.1350 (−0.81)	−0.1923 (−1.16)	−0.1569 (−0.93)	−0.1374 (−0.86)	−0.1556 (−0.95)
Lev	−0.9975 (−0.7)	−0.6772 (−0.47)	−0.6032 (−0.42)	−1.1442 (−0.81)	−0.9676 (−0.68)
Growth	0.4534 (1.24)	0.4598 (1.33)	0.4470 (1.29)	0.4262 (1.21)	0.4726 (1.3)
Size	0.3662 (2.11)**	0.3060 (1.72)*	0.3208 (1.79)*	0.3279 (1.9)*	0.3597 (2.08)**
Intercept	−5.2572 (−1.5)	−3.9572 (−1.08)	−4.3540 (−1.18)*	−4.3722 (−1.25)	−5.0909 (−1.46)
N	497	497	497	497	497
Pseudo R^2	0.147	0.171	0.174	0.156	0.146
Model χ^2	72.88***	74.24***	78.81***	73.63***	72.08***

註：①Approve，虛擬變量，上市公司配股申請如果被證監會審核通過則取值為1，否則取值為0。應計盈餘管理 DA、線下項目盈餘管理 ENOI、異常經營現金流 AOCF、異常經營管理費用 ADISX、異常生產成本 APROD 都是取其配股前三年的平均值。

②括號裡的為 Z 值，經過了 White 異方差校正。「*」、「**」和「***」分別表示在10%、5%和1%水準下顯著。

从表4-7可知，应计盈余管理 DA 的迴归系数统计上不显著，表明在中国配股管制中没有被监管者识别，而线下项目盈余管理 ENOI 的迴归系数统计上显著，表明在中国配股管制中能被监管者显著识别，线下项目盈余管理程度越高，公司配股申请被拒绝的可能性越大，这与 Chen and Yuan（2004）的研究结论一致。在真实盈余管理的三个表徵变量中，异常经营现金流 AOCF 和异常经营管理费用 ADISX 的迴归系数统计上显著，表明它们在中国配股管制中能被监管者识别，异常经营现金流越高，异常经营管理费用越高，公司配股申请被核准通过的可能性越大；这说明真实盈余管理在中国配股管制中能被监管者识别。因此，表4-7 的迴归结果表明，在中国的配股管制中，监管者不但可以识别和抑制线下项目盈余管理，而且可以识别和抑制真实盈余管理，本章的假设 H2 得到支持。

同时，从应计盈余管理、线下项目盈余管理、真实盈余管理三种盈余管理策略在表4-7 的迴归结果可以看出，线下项目盈余管理的迴归系数的绝对值最大，表明线下项目盈余管理是最容易被监管者识别的盈余管理策略。

4.4.3 盈余管理策略、配股管制与资源配置效率

表4-8 显示的是盈余管理策略与资源配置效率的迴归结果。

表4-8 盈余管理策略与资源配置效率的迴归结果

	因变量：配股后的经营业绩 IAROA				
	系数	系数	系数	系数	系数
Approve	0.0203 (3.29)***	0.0185 (2.86)***	0.0261 (4.01)***	0.0192 (3.19)***	0.0254 (3.92)***
DA	0.1575 (5.11)**				

表4－8(續)

	因變量：配股後的經營業績 IAROA					
	係數	係數	係數	係數	係數
ENOI		0.4735 (4.08)***			
AOCF			0.0937 (3.18)***		
ADISX				－0.4393 (－6.13)***	
APROD					－0.0907 (－3.18)***
Growth	0.0060 (0.99)	0.0098 (1.7)*	0.0096 (1.53)	0.0081 (1.42)	0.0086 (1.36)
Size	0.0052 (1.68)*	0.0020 (0.64)	0.0024 (0.77)	0.0020 (0.65)	0.0024 (0.75)
Intercept	－0.1312 (－2.03)**	－0.0638 (－0.98)	－0.0810 (－1.23)	－0.0653 (－1.03)	－0.0792 (－1.2)
N	497	497	497	497	497
R^2	0.119	0.088	0.071	0.149	0.069
F	9.84***	7.92***	7.25***	12.27***	7.14***

註：①IAROA，是配股議案公告後三個會計年度的經行業調整的總資產營業利潤率的平均數。應計盈餘管理 DA、線下項目盈餘管理 ENOI、異常經營現金流 AOCF、異常經營管理費用 ADISX、異常生產成本 APROD 都是取其配股前後三年的變化數。

②括號裡的為 T 值，經過了 White 異方差校正。「*」、「**」和「***」分別表示在10%、5%和1%水準下顯著。

從表4－8可知，應計盈餘管理 DA 的迴歸係數統計上顯著，表明應計盈餘管理的反轉使得公司配股後業績出現顯著下降，這與以前的研究結論一致。線下項目盈餘管理 ENOI 的迴歸係數統計上顯著，表明線下項目盈餘管理的反轉使得公司配股後業績出現顯著下降，這與 Chen and Yuan（2004）的研究結論一致。真實盈餘管理的三個表徵變量，即異常經營現金流 AOCF、

異常經營管理費用 ADISX、異常生產成本 APROD 的迴歸系數都在統計上顯著，表明真實盈餘管理的變化使得公司配股後業績出現顯著下降，並且對公司配股後業績下滑的影響程度大於應計盈餘管理的影響程度，這與 Cohen and Zarowin（2010）在美國市場上的發現一致。

然而，從表4-8的迴歸結果可以看出，線下項目盈餘管理迴歸系數的絕對值在三種盈餘管理策略中最大，表明線下項目盈餘管理對公司配股後業績的負面影響程度最大。由此可知，在中國證券市場上，不但應計盈餘管理、線下項目盈餘管理使公司配股後的業績顯著下滑，而且真實盈餘管理也會使公司配股後的業績顯著下滑，支持本章假設 H3。

表4-8的控制變量中，虛擬變量 Approve 的迴歸系數顯著為正，表明通過組的配股業績要顯著好於拒絕組的配股業績，這與 Chen and Yuan（2004）的研究結論一致，說明中國的配股管制在資源配置效率上是有效的。

表4-9顯示的是盈餘管理策略、配股管制與資源配置效率的迴歸結果。

表4-9　　　　盈餘管理策略、配股管制
與資源配置效率的迴歸結果

	因變量:配股後的經營業績 IAROA				
	系數	系數	系數	系數	系數
Approve	0.0153 (2.48)**	0.0148 (2.22)**	0.0259 (3.98)***	0.0166 (2.9)***	0.0246 (3.8)***
DA_Apv	0.1075 (3.73)***				
DA_Dey	0.2802 (3.83)***				
ENOI_Apv		0.3519 (2.49)**			

表4-9(續)

	因變量:配股後的經營業績 IAROA				
	係數	係數	係數	係數	係數
ENOI_Dey		0.6551 (3.27)***			
AOCF_Apv			0.0757 (2.65)***		
AOCF_Dey			0.1545 (1.82)*		
ADISX_Apv				-0.3287 (-3.82)**	
ADISX_Dey				-0.6316 (-5.24)***	
APROD_Apv					-0.0578 (-2.01)**
APROD_Dey					-0.1882 (-2.55)**
Growth	0.0061 (1.06)	0.0093 (1.63)	0.0099 (1.59)	0.0079 (1.46)	0.0082 (1.3)
Size	0.0052 (1.66)*	0.0019 (0.62)	0.0024 (0.76)	0.0023 (0.76)	0.0018 (0.6)
Intercept	-0.1267 (-1.94)*	-0.0593 (-0.91)	-0.0799 (-1.22)	-0.0696 (-1.1)	-0.0680 (-1.04)
N	497	497	497	497	497
R^2	0.137	0.091	0.073	0.160	0.077
F	8.59***	6.5***	5.86***	10.6***	5.63***

註:①IAROA,是配股議案公告後三個會計年度的經行業調整的總資產營業利潤率的平均數。DA_Apv、DA_Dey、ENOI_Apv、ENOI_Dey、AOCF_Apv、AOCF_Dey、ADISX_Apv、ADISX_Dey、APROD_Apv、APROD_Dey 表示三種盈餘管理策略配股前後三年的變化數分別與通過組、拒絕組各自的交乘項。

②括號裡的為 T 值,經過了 White 異方差校正。「*」、「**」和「***」分別表示在 10%、5% 和 1% 水準下顯著。

從表4-9中可知,應計盈餘管理與通過組、拒絕組的交乘

項DA_Apv、DA_Dey的迴歸系數都在統計上顯著，並且，DA_Dey的迴歸系數的絕對值比DA_Apv的迴歸系數的絕對值大，表明應計盈餘管理的反轉使得通過組和拒絕組配股業績都出現顯著下滑，同時，應計盈餘管理對拒絕組配股業績的負面影響比對通過組的負面影響更大，這說明應計盈餘管理對中國證券市場的資源配置效率有負面影響，而中國的配股管制對應計盈餘管理的這種負面影響可以進行有效的抑制，因而在一定程度上提高了中國證券市場的資源配置效率。

　　同樣，表4-9中線下項目盈餘管理和真實盈餘管理的三個表徵量與通過組、拒絕組各自的交乘項ENOI_Apv、ENOI_Dey、AOCF_Apv、AOCF_Dey、ADISX_Apv、ADISX_Dey、APROD_Apv、APROD_Dey的迴歸系數都表現出類似的情況，它們的迴歸系數都在統計上顯著，並且，線下項目盈餘管理和真實盈餘管理的三個表徵量與拒絕組的交乘項ENOI_Dey、AOCF_Dey、ADISX_Dey、APROD_Dey的迴歸系數絕對值比它們與通過組的交乘項的迴歸系數ENOI_Apv、AOCF_Apv、ADISX_Apv、APROD_Apv的絕對值大，表明線下項目盈餘管理和真實盈餘管理使得通過組和拒絕組配股業績都出現顯著下滑，同時，線下項目盈餘管理和真實盈餘管理對拒絕組配股業績的負面影響比對通過組的負面影響更大，這說明線下項目盈餘管理、真實盈餘管理對中國證券市場的資源配置效率有負面影響，而中國的配股管制對線下項目盈餘管理、真實盈餘管理的這種負面影響可以進行有效的抑制，因而在一定程度上提高了中國證券市場的資源配置效率。

　　因此，從表4-9的迴歸結果可以得知，在中國證券市場上，應計盈餘管理、線下項目盈餘管理、真實盈餘管理三種盈餘管理策略不但使配股申請成功的公司之業績顯著下滑，而且更能使配股申請失敗的公司之業績顯著下滑，本章的假設H4得到支持。

4.4.4　穩健性測試

為了考察結果的穩健性，我們對表4-7至表4-9的迴歸結果做了穩健性測試。其一，應計盈餘管理分別採用修正的Jones模型及控制了業績影響的Jones模型進行估計，重新進行迴歸分析。其二，經營業績採用總資產淨利潤率衡量，重新進行迴歸分析。其三，應計盈餘管理、線下項目盈餘管理和真實盈餘管理這三種盈餘管理策略採用配股前三年的累積數並將其放入模型重新進行迴歸分析①。其四，為了克服變量在橫截面和時間序列上的自相關性，參照 Gow et al.（2010）和 Petersen（2009）的建議進行了 Cluster 穩健性檢驗。以上穩健性測試均顯示，表4-7至表4-9的主要研究結論不變。

4.5　研究結論和啟示

本章結合中國特有的制度背景，研究應計盈餘管理、線下項目盈餘管理、真實盈餘管理這三種盈餘管理策略是否在中國的配股融資過程中共同存在以及它們在中國的配股管制中被識別的情況和對資源配置效率的影響。研究發現，中國的配股融資活動中存在真實盈餘管理，而且和應計盈餘管理、線下項目盈餘管理共同存在，其中，應計盈餘管理被採用的程度最高。在中國的配股管制中，只有線下項目盈餘管理和真實盈餘管理

---

①　應計盈餘管理、線下項目盈餘管理和真實盈餘管理這三種盈餘管理策略採用配股前三年的累積數並將其放入模型（3）迴歸時，三種盈餘管理策略對拒絕組的配股業績的負面影響統計上不夠顯著，特別是應計盈餘管理，可能是沒有考慮到應計盈餘管理在配股後的反轉，導致迴歸結果有偏差。

能被監管者識別，而線下項目盈餘管理又最容易被監管者識別。應計盈餘管理、線下項目盈餘管理、真實盈餘管理三種盈餘管理策略，不管對配股申請成功公司的業績還是對配股申請失敗公司的業績都有顯著的負面影響，其中，線下項目盈餘管理的負面影響最大，此外，三種盈餘管理策略對配股申請失敗公司業績的負面影響大過對配股申請成功的公司。這說明三種盈餘管理策略對中國證券市場的資源配置效率有顯著的負面影響，而中國的配股管制可以對其進行有效的抑制，因而在一定程度上提高了中國證券市場的資源配置效率。

本章給我們的啟示是，中國上市公司在配股融資活動中不但存在真實盈餘管理，而且與應計盈餘管理、線下項目盈餘管理共同存在，並構成了上市公司的三種盈餘管理策略。這為系統地審視中國上市公司配股融資活動中的盈餘管理策略行為提供了新的思路，更重要的是，為中國會計改革和配股管制的演進提供了政策啟示和經驗證據。此外，應計盈餘管理、線下項目盈餘管理、真實盈餘管理三種盈餘管理策略在中國配股管制中被識別的程度和對中國資源配置效率的負面影響程度都不盡相同，這為中國證券市場改革和健康發展增添了新的理論依據。

第五章
中國上市公司配股業績下滑之理論解釋和實證檢驗

本章結合中國上市公司存在的「一股獨大」和「一言堂」制度特徵，採用掏空理論和盈餘管理觀點解釋中國上市公司配股業績下滑之謎。實證結果發現，中國上市公司配股業績的下滑，不但與盈餘管理有關，而且與上市公司大股東的掏空行為有關，重要的是中國上市公司大股東的掏空行為是造成其配股後真實業績下滑的根本原因，掏空理論比盈餘管理觀點更能解釋中國上市公司配股業績下滑之謎。

5.1 引言

公司 SEO[①] 之後的業績下滑，被稱為「The New Issues Puzzle」（Loughran and Ritter, 1995）。對其進行的理論解釋可謂眾說紛紜[②]，而且在各個不同制度背景的市場上的表現和理論解釋也不完全一致。由於中國上市公司的 SEO 方式主要是配股，因而對「The New Issues Puzzle」的研究在中國主要是針對公司配股業績進行，並且主要採用盈餘管理（Earnings Management）的觀點對公司配股業績下滑進行理論解釋（Chen and Yuan, 2004；張祥建，徐晉，2005a；陸正飛，魏濤，2006）。

盈餘管理觀點認為，外部股東沒有識別出配股公司盈利報告中粉飾的成分（即 Discretionary Accruals，操縱性應計利潤），從而造成對公司價值的錯誤評估和判斷，當操縱性應計利潤的反轉導致公司配股後業績下降，外部股東才幡然醒悟，重新評

---

① Seasoned Equity Offerings，簡稱 SEO，即股權再融資，包括配股（Rights Offerings）和增發（General Offerings）。

② 主要有「機會之窗」（Window of Opportunity）觀點、盈餘管理（Earnings Management）觀點、信號觀點、計量觀點和規模效應觀點（原紅旗，2003）。

估和判斷公司的價值（Teoh, Welch and Wong, 1998）。值得注意的是，盈餘管理觀點在這裡隱含了兩個前提條件：其一，內部股東和外部股東存在信息不對稱，即外部股東不知道公司的真實業績和公司的盈餘管理行為；其二，操縱性應計利潤對公司的真實業績沒有實質性影響，在長期看來操縱性應計利潤是服從均值為零的一個殘差項，對公司的盈利報告起到粉飾和擾動作用，干擾外部股東對公司價值的判斷和評估。

顯然，如果公司配股後的真實業績（即控制了操縱性應計利潤影響的公司業績）出現下滑，用盈餘管理的觀點就不能完全解釋中國上市公司配股業績下滑之謎。這就需要對公司配股背後隱藏的動機進一步分析，特別是在中國存在「一股獨大」和「一言堂」的背景下，中國上市公司的配股動機就比其他發達國家顯得特別而又複雜。信息不對稱為盈餘管理創造了條件，而盈餘管理的目的是為了配股，如果沒有潛在的利益在裡面，作為公司內部股東的大股東[1]就不會贊成配股。配股是大股東利益的驅使，這種利益驅使是大股東掏空[2]行為淋漓盡致的體現（張祥建，徐晉，2005b），從而造成公司配股後真實業績的下滑。因此，盈餘管理和大股東掏空有著天然的聯繫（劉俏，陸洲，2004），大股東巨大的掏空利益是中國上市公司盈餘管理背後最直接的原因，這為中國上市公司配股後業績出現顯著下滑形成了最好的註解。再加上中國上市公司的內部治理和外部監管及對中小投資者法律保護比較弱，這使得大股東為掏空付出的成本（簡稱「掏空成本」）就比較小從而掏空行為更加猖獗，同時，大股東轉嫁掏空成本[3]變得容易。成本收益的權衡取其

---

[1] 本章的大股東指國有股性質的大股東和社會法人股性質的大股東。
[2] 掏空（Tunneling），主要是指控制公司的大股東為了自身的利益將公司的財產和利益轉出去的行為（Johnson et al. 2000）
[3] 轉嫁掏空成本，本章是指將本應為大股東承擔的那部分掏空成本轉嫁給中小股東承擔的一種行為。

大，大股東轉嫁掏空成本越多，大股東承擔的成本就越小，大股東獲得掏空的收益就越大，大股東的掏空行為就越嚴重，因此，用大股東轉嫁掏空成本的程度可以很好地衡量大股東掏空行為的嚴重程度。

由此，本章認為掏空理論比盈餘管理觀點更能直接解釋中國上市公司配股業績下滑之謎。在這裡，我們不探討大股東在配股後掏空上市公司的具體方式①，我們只分析大股東利用信息不對稱轉嫁掏空成本的程度對公司配股後真實業績下滑的影響，即：轉嫁掏空成本越多，是否公司的真實業績下降得更快。

本章以中國市場配股最熱的幾個年度 1998—2000 年進行配股的上市公司為研究樣本，以大股東配股前後持股比例的變化衡量大股東轉嫁掏空成本的程度。實證研究結果顯示，公司配股後會計業績和真實業績同時出現了顯著下滑；配股後操縱性應計利潤的反轉會引起公司會計業績的顯著下滑，但是對公司配股後真實業績的下滑沒有顯著影響；而大股東轉嫁掏空成本的程度會影響公司配股後真實業績的下滑，但只有社會法人股性質的大股東轉嫁掏空成本的程度會顯著影響公司配股後真實業績的下滑，而由於受到操縱性應計利潤的干擾，大股東轉嫁掏空成本的程度對公司配股後會計業績下滑的直接影響要打個折扣，在統計上表現不顯著。這說明，中國上市公司配股業績的下滑，不但與盈餘管理有關，而且與上市公司大股東的掏空行為有關，重要的是中國上市公司的大股東的掏空行為是造成其真實業績下滑的根本原因。

本章的貢獻在於：結合中國特殊的制度背景，對中國上市公司配股後的業績表現進行拓展性研究，盈餘管理只影響公司的報告盈利，而大股東利用信息不對稱轉嫁掏空成本的程度才

---

① 張祥建、徐晉（2005b）分別從投資效率、大股東資源侵占和非公平關聯交易三個方面考察配股融資後大股東的掏空行為。

是影響公司真實業績下滑的具體原因，採用掏空理論比盈餘管理觀點更能解釋中國上市公司配股業績下滑之謎。

5.2 理論分析和研究假設

本節結合中國的有關的制度背景，對公司配股業績下滑的原因進行理論分析，在此基礎上提出研究假設。

5.2.1 掏空

中國上市公司的治理結構表現出「一股獨大」和「一言堂」的特徵，這也是轉型經濟國家比較典型的特徵，同時也為此環境下的大股東掏空上市公司創造了良好的條件。這顯然與 Shleifer and Vishney（1997）提出的關於保護投資者利益的現代公司治理機制相違背。公司內在治理結構不健全，外在監管和法制環境不夠完善，中小投資者自我保護意識和其法律保護都比較薄弱，這些都是轉型經濟國家比較突出的特徵（La Porta et al., 1999; Mork et al., 2000）。在這樣的制度環境下，大股東掏空的成本非常低。當掏空的收益遠遠大於其付出的成本時，大股東掏空就會樂此不疲，掏空的方式也會層出不窮。對大股東來說，掏空的上佳策略是掏空的方式很隱蔽，掏空可以連續不斷，被掏空的資源不會枯竭，而為此付出的代價也很低，或者是轉嫁掏空成本讓中小股東「買單」。其中，公司配股融資後進行掏空，不失為一種比較好的掏空策略。同時，這也是大股東實現自身利益的重要手段（張祥建，徐晉，2005b）。成本收益的權衡取其大，大股東轉嫁掏空成本越多，大股東承擔的成本就越小，大股東獲得掏空的收益就越大，大股東的掏空行為

就越嚴重，因此，用大股東轉嫁掏空成本的程度可以很好地衡量大股東掏空行為的嚴重程度。

在法律機制高度不完備的轉型經濟國家，政府管制占主導地位（Pistor and Xu, 2005）。但是中國對證券市場的政府管制體系顯得比較單一，主要採用會計業績指標來進行監管，比如對公司配股的管制，1999年3月證監會要求公司的業績最近三年的淨資產收益率平均在10%以上才能配股。這樣的管制體系必然會引發上市公司強烈的盈餘管理行為以達到配股資格條件。盈餘管理會帶來成本，使得公司的業績在配股後出現下降，但是進行盈餘管理獲得配股資格後的巨大掏空收益是大股東樂於追求的，這也是盈餘管理背後的最基本原因（李志文，宋衍蘅，2003；劉俏，陸洲，2004）。面對大股東這樣的強勢行為，較差的公司治理結構不能有效阻止（劉俏，陸洲，2004），而外部的中小股東由於信息弱勢而不知情，進而為大股東的一系列掏空行為「買單」，即使知情的中小股東也會因為個體理性優於集體的理性，在「搭便車」心理的驅使下而為此「買單」（唐國正，2006）。

文章前面部分提到，盈餘管理觀點認為，操縱性應計利潤的反轉會使公司配股後的會計業績下降。而對掏空理論的分析表明，配股融資後的大股東掏空行為使公司的價值受損，使得公司配股後的真實業績出現下降，盈餘管理是大股東進行掏空的一種準備和掩飾。兩種觀點都認為公司配股後的業績會出現下降，但是兩者關注的業績下降的類型是不一樣的，前者關注會計業績，後者則重點關注真實業績，同時也關注由盈餘管理造成的會計業績下降。我們認為掏空理論比盈餘管理觀點更能解釋中國上市公司配股業績下滑的原因。由於會計業績包括真實業績和操縱性應計造成的那部分粉飾性業績，因此，公司配股後由於真實業績的下滑和操縱性應計的反轉，會計業績的下降會比真實業績下降得更快。借此，我們得到本章的假設H1：

H1：公司配股後的業績會出現下滑，而且不管是會計業績還是真實業績，並且會計業績顯著比真實業績下滑得更多。

5.2.2 成本轉嫁

掏空的上佳策略是大股東通過掏空實現了自身的利益，而掏空的成本盡量讓中小股東承擔。這種轉嫁掏空成本的行為的實現需要幾個前提條件：一是大股東和中小股東存在信息不對稱，大股東有信息優勢，中小股東對大股東的動機和行為、公司真實的經營情況瞭解非常有限；二是大股東控制上市公司，即大股東控制了公司的管理層、董事會和股東大會，大股東的掏空策略才可以得到支持；三是中小股東心甘情願為大股東的掏空行為「買單」。

第一個條件容易達到，信息不對稱在發達國家和發展中（轉型經濟）國家都存在，但是兩者的特徵是不完全一樣的。在發達國家，如美國，經理人和股東之間的信息不對稱和利益衝突是第一位的（「First Order」）、最受關注的，在轉型經濟國家，如中國和一些東南亞國家，大股東和小股東之間的信息不對稱和利益衝突是第一位的、最受關注的（La Porta et al., 1999）。不同的特徵導致了西方國家的一些成熟的財務學理論在中國可能得不到有效運用甚至有可能違背。例如，Myers（1984）的「優序融資理論」（Pecking Order Theory）[①] 在中國不成立，中國上市公司存在強烈的股權融資偏好，融資順序表現為「先股權融資、後債權融資」（黃少安、張崗，2001）。這點不同也同時導致了後面兩個條件出現差異，使得大股東掏空行為在轉型經濟國家顯得更猖狂。

---

① Myers（1984）在信息不對稱的理論上提出了「優序融資理論」（Pecking Order Theory），認為公司的融資順序是：先內部融資後外部融資；而公司的外部融資則表現為先債權融資後股權融資。

第二個條件是大股東控制，這在轉型經濟國家中表現得比較突出。大股東通過直接和間接的方式控制上市公司，間接控制主要表現為大股東通過企業集團、交叉持股和金字塔股權結構的形式控制上市公司。當大股東控制了上市公司時，大股東可以向上市公司委派管理員控制上市公司的經營決策權，同時通過控制董事會和股東大會控制公司重大事項的投票表決權，而處於弱勢的中小股東很少具有談判能力並且基本上沒有重大影響力[1]。大股東通過配股融資後的一系列掏空行為來實現自己的利益，這樣在程序上可以得到保障。

第三個條件比較苛刻，中小股東在面對大股東的掏空行為時不得不「買單」，而且心甘情願。這說明，採取為大股東掏空行為「買單」的選擇，對中小股東來說是一個納什均衡的策略。李康等（2003）發現中國證券市場上大股東普遍存在放棄配股的現象，並且從理論和經驗上證明大股東放棄配股是財富轉移的一種方式。大股東轉嫁掏空成本越多，大股東的財富增加越多，中小股東承受的掏空成本就越沉重。因此依據大股東配股前後持股比例的變化可以較好地衡量大股東轉嫁掏空成本的程度。唐國正（2006）從理論上證明中國中小股東在配股中的「搭便車」現象，個體理性導致了集體的非理性，因為針對個體股東來說，選擇認購配股的策略優於放棄配股的策略。而這種現象在投資者法律保護好的國家幾乎沒有，因為其完善的法律環境及公正、公平而又嚴厲的執法和司法系統，使中小股東的利益得到很好的保護，同時，在成熟的證券市場上機構投資者和仲介組織非常發達，他們是重要的市場力量，對公司治理和投資者保護有很重要的正面影響。

---

[1] 2004年《國務院關於推進資本市場改革開放和穩定發展的若干意見》（簡稱「國九條意見」）和《關於加強社會公眾股股東權益保護的若干規定》的出抬，使得這一局面有所改善。

可見，在我們國家這三個條件都具備，大股東轉嫁掏空成本的現象較為嚴重。由於大股東轉嫁掏空成本越多，大股東的財富增加越多（李康，等，2003），因而公司的價值受損也就越嚴重，配股後公司的真實業績下降得更快。由此可知，掏空理論對公司配股後業績下滑的解釋與盈餘管理觀點的解釋不一樣，掏空理論認為大股東的掏空行為會使公司配股後的真實業績下滑，而盈餘管理觀點（Teoh, Welch and Wong, 1998）認為，操縱性應計利潤的反轉只會使公司配股後的會計業績下降。大股東的掏空行為是造成公司配股後真實業績下滑的直接原因，大股東的掏空行為越猖狂，轉嫁掏空成本越多，公司配股後的真實業績下滑得更快，因此，掏空理論比盈餘管理觀點更能直接解釋公司配股後的真實業績下滑之謎。鑒於以上的分析，我們得到本章的假設 H2：

H2：大股東掏空行為能顯著影響公司配股後真實業績的下滑，並且比盈餘管理更能顯著影響公司配股後真實業績的下滑。

在掏空理論看來，盈餘管理是大股東進行掏空的一種準備和掩飾、一種策略和手段。基於以上的分析，我們可知，掏空理論除了重點關注公司配股後真實業績的下滑，同時也關注大股東為了掏空進行盈餘管理而造成的公司配股後會計業績的下滑。因此，大股東掏空行為對公司配股後會計業績的影響可以分為直接影響和間接影響兩部分：前者是指大股東掏空行為本身對公司配股後會計業績下滑的直接影響；後者是指大股東掏空行為通過盈餘管理對公司配股後會計業績下滑的間接影響。由於會計業績包括真實業績和操縱性應計造成的那部分粉飾性業績，大股東掏空行為對公司配股後會計業績下滑的直接影響可能會受到操縱性應計的干擾，而且，張祥建、徐晉（2005a）和陸正飛、魏濤（2006）他們發現盈餘管理能顯著影響中國上市公司配股後會計業績的下滑。因此，大股東掏空行為是否顯

著直接影響公司配股後會計業績的下滑，是否比盈餘管理更能顯著直接影響公司配股後會計業績的下滑，這還是一個實證問題（Empirical Issue），需要經驗數據檢驗。由此，我們提出一個備擇假設 H3：

　　H3：大股東掏空行為能顯著直接影響公司配股後會計業績的下滑，並且比盈餘管理更能顯著直接影響公司配股後會計業績的下滑。

5.3　研究設計

5.3.1　樣本選擇和數據來源

　　1. 研究樣本（issuer）的選取

　　本章以 1998—2000 年中國配股「最熱」的年度進行配股的 A 股上市公司為觀察樣本①。為了避免公司首次公開募股（IPO）、多次配股、增發新股和發行債券以及配股申請年度和配股實行年度不在同一年度等因素對本章研究的影響，根據以下條件進行篩選，我們最後得到 119 家配股公司作為本章的研究樣本（見表 5-1）：①不屬於金融類和公用事業類公司；②公司本次配股，距前次發行股票的時間間隔不少於 1 個會計年度；③在配股前後 3 年（不包括配股當年）未進行配股的公司；④在配股前後 3 年（包括配股當年）未進行增發新股和發行債券的公司；⑤參照 Chen and Yuan（2004）

---

　　① 1998—2000 年是中國上市公司配股最熱的幾年，隨後配股家數逐漸減少，並且，1998—2000 年是中國上市公司經營業績最好的幾年，隨後上市公司經營業績出現下滑，這可能與中國上市公司瘋狂地進行配股融資有關，這也是本章要探討的地方，因此，選擇 1998—2000 年的觀察值作為研究樣本可以比較典型地描述和解釋中國上市公司配股業績下滑之謎。

的做法①，樣本公司是在 4 月 30 日後實行配股的公司。所需數據來自於中國證券監督管理委員會網站（http://www.csrc.gov.cn/）、中國上市公司資訊網（http://www.cnlist.com/）和北京大學中國經濟研究中心的色諾芬數據庫（CCER）。

2. 對照組樣本（non-issuer）的選取

為了研究配股公司的長期業績，必須選取一個業績比較基準（benchmark）來控制宏觀經濟因素的影響。我們根據 Loughran and Ritter（1997）和 McLaughin, Safieddine and Vasudevan（1998）的做法按照行業、規模、業績來選取對照組樣本，具體如下：①除了滿足研究樣本的選取條件①、②、③、④之外，還要在配股公司的配股當年沒有進行配股，並且未被中國證監會冠名「ST」或「PT」的公司；②與配股公司在同一行業，資產規模在配股公司資產規模 70%～130% 的範圍，再選取業績最相近的公司作為對照組樣本；③如果用條件②找不到合適的對照組樣本，則不考慮行業因素，直接選取資產規模在配股公司資產規模 90%～110% 的範圍，與配股公司業績最相近的公司作為對照組樣本。最後我們得到的對照組樣本如表 5-1 所示。

表 5-1　　　　　研究樣本和對照組樣本的情況

年度	研究樣本	對照組樣本
1998	23	20
1999	43	30

---

① 為了避免公司配股申請日和批准日不在同一個年度的影響，以配股批准日進行逆向推算，即如果公司的配股批准日在當年的 1、2 月，那麼計算該公司配股申請日的年度則要提前一年；如果公司的配股批准日在當年的 3 至 12 月，那麼計算該公司配股申請日的年度就在當年。由於被批准配股的公司需要一段時間籌備後實行配股，並且上市公司的年報披露日期截至每年的 4 月 30 日，本章認為，剔除在 4 月 30 日前實行配股的公司，可以避免配股申請年度和配股實行年度不在同一年度的影響。

表5-1(續)

年度	研究樣本	對照組樣本
2000	53	37
合計	119	87

5.3.2 研究方法

1. 業績的衡量

我們用稅前總資產收益率 ROA 和總資產經營活動收益率（Operating Profit on Asset，OPA）指標來衡量配股公司的業績。用 ROA 衡量公司的會計業績，容易受到操縱性應計利潤的影響，而用 OPA 衡量公司的真實業績，不容易受操縱，可以避免公司的非經營性項目和不同資本結構、不同稅收政策對該指標的影響（McLaughlin, Safieddine and Vasudevan, 1998）。本章的總資產經營活動收益率 OPA 指標計算公式如下：

總資產經營活動收益率（OPA）=（主營業務收入－折扣與折讓－主營業務成本－銷售費用－管理費用＋折舊與攤銷）／總資產

2. 假設檢驗和模型設計

對本章假設 H1 的檢驗，本章採用的研究方法是，將配股當年定位基年（「0」年），配股前第一、二年定為「-1」、「-2」年，配股後第一、二年定為「1」、「2」年。然後，比較上市公司配股後的業績與「-1」年的業績變化有無顯著差異，來考察上市公司配股後業績是上升了還是下降了。

對假設 H2、H3 的檢驗，本章採用迴歸分析，模型設計如下：

$$\Delta OPA = a + \beta_1 \Delta SN + \beta_2 \Delta SC + \beta_3 \Delta DA + \beta_4 RUNUP + \beta_5 LC10 + \beta_6 CONSTRAINT + \beta_7 FCONTROL +$$

$$\beta_8 \mathrm{MB} + \beta_9 \mathrm{SIZE} + \varepsilon \tag{1}$$

$$\Delta \mathrm{ROA} = a + \beta_1 \Delta \mathrm{SN} + \beta_2 \Delta \mathrm{SC} + \beta_3 \Delta \mathrm{DA} + \beta_4 \mathrm{RUNUP} + \beta_5 \mathrm{LC10}$$
$$+ \beta_6 \mathrm{CONSTRAINT} + \beta_7 \mathrm{FCONTROL} + \beta_8 \mathrm{MB} +$$
$$\beta_9 \mathrm{SIZE} + \varepsilon \tag{2}$$

因變量：△OPA 表示公司配股前後的真實業績變化，即用公司配股後第一年和第二年經對照組樣本調整的真實業績的平均數減去配股前第一年和第二年經對照組樣本調整的真實業績的平均數。類似的，△ROA 表示公司配股前後的會計業績變化，即用公司配股後第一年和第二年經對照組樣本調整的會計業績的平均數減去配股前第一年和第二年經對照組樣本調整的會計業績的平均數。

解釋變量：我們把大股東按其產權性質分為國有股性質的大股東和社會法人股性質的大股東。△SN 表示國有法人股性質的大股東配股前後持股比例的變化，△SC 表示社會法人股性質的大股東配股前後持股比例的變化，兩個指標都用來衡量兩類性質大股東轉嫁掏空成本的程度。根據假設 H2，模型（1）裡△SN 和△SC 的迴歸系數顯著為正，表明大股東轉嫁掏空成本越多，公司配股後真實業績下降得越快。△DA 表示配股後的操縱性應計利潤的變化，用來衡量配股後操縱性應計利潤的反轉程度，操縱性應計利潤 DA 採用修正的 Jones 模型分行業截面迴歸進行估計。根據假設 H3，△DA 的迴歸系數應顯著為正，表明操縱性應計利潤的反轉越多，公司配股後會計業績下降得越快。

控制變量：RUNUP，表示公司配股前的業績增長，即從公司配股前第一年到公司配股前第二年的業績變化，是衡量公司配股前業績增長的指標，用以考察公司配股前業績增長是否為業績操縱行為所致。LC10，表示公司的所有權（股權）集中度。公司股權集中度越高，越會加強大股東對公司經理人的監督，有利於對公司第一大股東的約束和制衡，提高公司的經營效率，

使公司配股後的業績下滑減緩。CONSTRAINT，表示公司的股東之間的制衡力，大股東之間制衡力弱的公司，配股後濫用公司資金的可能性大，公司的治理成本高，配股後的業績差，業績下降得更快。FCONTROL，虛擬變量，表示公司的終極控股股東的性質，如果是國有控股，取值為 1，否則取值為 0。在國有控股的公司，由於對公司配股募集資金的使用缺乏監督，容易出現公司經理人濫用資金從而提高公司的治理成本的現象。因此，國有控股的上市公司，配股後的業績差，業績下降得更快。MB 和 SIZE 分別表示公司的成長性和規模，把這兩個變量放入模型中，用以控制對公司業績變化的影響。具體變量設計情況見表 5-2。

由於大多數業績好的中國上市公司都去配股（閻達五，等，2001），以致樣本公司配股前的業績總體上好於沒有配股的公司。為了避免這一問題，本章參照 Ghosh（2001）做法①，對方程的因變量進行對照組樣本匹配調整（matched-adjusted）。

表 5-2　　　　　　　　變量設計

變量符號	變量定義
△OPA	△OPA =（配股公司「1」年和「2」年經對照組樣本調整的 OPA 平均數）－（配股公司「-2」年和「-1」年經對照組樣本調整的 OPA 平均數）
△ROA	△ROA =（配股公司「1」年和「2」年經對照組樣本調整的 ROA 平均數）－（配股公司「-2」年和「-1」年經對照組樣本調整的 ROA 平均數）

---

① Ghosh（2001）研究了美國公司併購前後經營業績的變化，發現公司併購前的業績總體上優於行業中位數公司。如果是長期因素使併購公司的業績優於行業中位數公司，並且暫時因素的期望值為零，那麼變化模型（Change Model）和配對模型（Matching Model）的估計都是無偏的；如果長期因素和暫時因素使併購公司的業績優於行業中位數公司，並且兩者的期望值都不為零，那麼，變化模型估計是有偏的，而配對模型是無偏的。

表 5 – 2 (續)

變量符號	變量定義
△SN	△SN =（「0」年的國有法人股占公司股份的比例）–（「-1」年的國有法人股占公司股份的比例）
△SC	△SC =（「0」年的社會法人股占公司股份的比例）–（「-1」年的社會法人股占公司股份的比例）
△DA	△DA =（配股公司「1」年和「2」年 DA 平均數）–（配股公司「-2」年和「-1」年經對照組樣本調整的 DA 平均數）
RUNUP	RUNUP =（配股公司「-1」年經對照組樣本調整的業績）–（配股公司「-2」年經對照組樣本調整的業績）
LC10	由於這個數值是有界的，同時為避免在模型中出現共線性問題，本章按照 Demsetz and Lehn（1985）的做法，進行自然對數轉換：LC10 = ln [C10/（1 – C10）]。C10 是指前 10 大股東持股比例之和。
CONSTRAINT	CONSTRAINT = $\sum_{i=2}^{10} S_i - S_1$；$S_i$ 為第 i 大股東的持股比例。
FCONTROL	虛擬變量，如果上市公司的終極控股股東為國有股，FCONTROL = 1；否則 FCONTROL = 0。
MB	MB = 總市值／淨資產帳面價值
SIZE	取公司總資產的自然對數

註：除非特別說明，本章變量設計所用的數據均來自上市公司配股前第 1 年的會計年度數據。

5.4 實證結果及分析

5.4.1 上市公司配股前後的業績變化

由於公司的經營業績指標一般不服從正態分佈，我們主要依據其中位數來描述和分析公司的業績。從圖5-1中可以看出，公司配股後業績呈下滑趨勢，真實業績的指標總資產經營活動收益率OPA和會計業績指標總資產收益率ROA的中位數都出現了下降，其中OPA下降得比較緩慢。這表明OPA指標比較穩健，不容易被操縱。

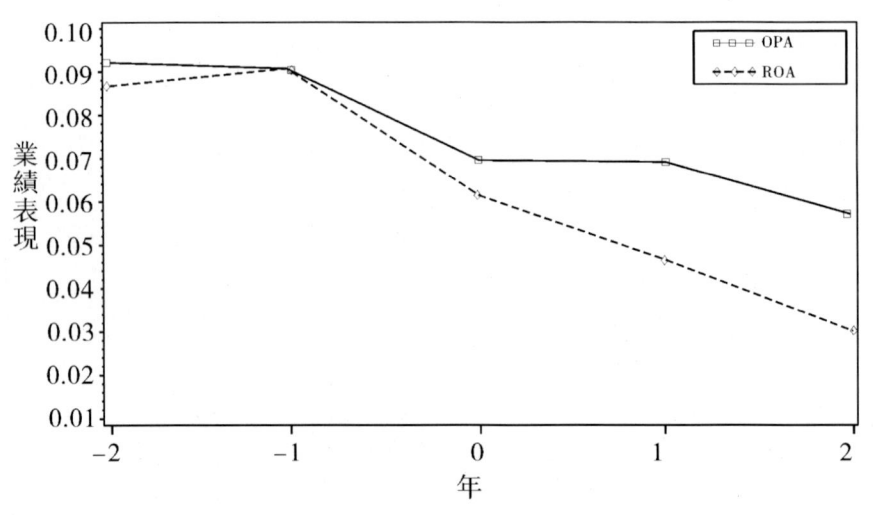

圖5-1 上市公司配股前後業績表現（中值）

表5-3顯示的是對配股公司（issuer）的業績變化進行T檢驗和Z檢驗的結果。我們發現公司的業績指標ROA和OPA在配股後都出現顯著下滑，並且會計業績與真實業績之差「ROA-OPA」在配股後的變化統計上顯著，表明會計業績ROA

比真實業績 OPA 下降得更厲害。結合圖 5-1 和表 5-3 的結果來看，本章的假設 H1 得到支持，公司配股後其會計業績和真實業績都出現了顯著下滑，會計業績比真實業績下滑得更多。

表 5-3　　　　上市公司配股前後業績變化的比較

		-2 to -1	-1 to 0	-1 to 1	-1 to 2
ROA	均值	0.000420	-0.038300	-0.064161	-0.094718
	T	0.158	-9.578***	-7.198***	-7.172***
	中位數	-0.003844	-0.033706	-0.041184	-0.066331
	Z	-0.448	-8.504***	-8.520***	-9.043***
OPA	均值	-7.75E-06	-0.030908	-0.042186	-0.050646
	T	-0.002	-7.338***	-5.449***	-5.648***
	中位數	-0.003505	-0.020924	-0.023710	-0.037180
	Z	-.658	-7.011***	-6.046***	-6.333***
ROA-OPA	均值	0.000428	-0.007392	-0.021975	-0.044072
	T	0.1372	-2.8680***	-4.7328***	-7.1154***
	中位數	0.001351	-0.011301	-.023031	-0.031607
	Z	0.984	-3.286***	-5.821***	-8.128***

註：①上市公司的配股前後業績，用 ROA（稅前總利潤除以總資產）和 OPA（總資產經營活動收益率）來衡量，「ROA-OPA」表示會計業績和真實業績之差。

②以配股當年為「0」年，「-2 to -1」表示配股前第 2 年到配股前第 1 年的業績變化，依此類推。

③本章用 T 檢驗（雙尾檢驗，2-tailed）比較配股公司（issuer）配股前後業績變化的均值（mean）有無顯著差異；用 Z 檢驗（雙尾檢驗，2-tailed），即 Wilcoxon Signed Ranks Test 比較配股公司（issuer）配股前後業績變化的中位數（median）有無顯著差異，「*」表示在 10% 水準下顯著，「**」表示在 5% 水準下顯著，「***」表示在 1% 水準下顯著。

5.4.2 描述性統計與迴歸分析

表5-4是迴歸模型中各變量的描述性統計。

表5-4　　　　　　　　描述性統計

變量	均值	中位數
△OPA	-0.0173	-0.0140
△ROA	-0.0177	-0.0021
△SN	-0.0203	-0.0166
△SC	-0.0337	-0.0312
△DA	-0.0187	-0.0221
RUNUP1	0.0137	0.0164
RUNUP2	0.0011	0.0052
LC10	0.5736	0.6400
CONSTRAINT	-0.3357	-0.3774
FCONTROL	0.8655	1.0000
MB	4.9591	4.5068
SIZE	20.3118	20.3026

註：「RUNUP1」是用經調整的「OPA」計算的配股前真實業績增長，「RUNUP2」是用經調整的「ROA」計算的配股前會計業績增長。

從描述性統計中可以看出，經對照組調整的真實業績的變化「△OPA」均值和會計業績的變化「△ROA」均值都為負，說明公司配股後的經對照組調整的真實業績和會計業績都出現下滑，這與前面的分析一致。「△SN」和「△SC」分別表示國有法人股性質的大股東和社會法人股性質的大股東配股前後持股比例的變化，如果配股後持股比例減少得越多（即配股後持股比例下降得越多），則大股東轉嫁掏空成本的程度就越大，描述性統計表明「△SN」和「△SC」的均值都為負，說明國有法人股性質的大股東和社會法人股性質的大股東配股後持股比例

都出現了下降，而且後者比前者下降得厲害，這意味著社會法人股性質的大股東轉嫁掏空成本程度比國有法人股性質的大股東更猖狂。「△DA」表示配股後操縱性應計利潤的反轉程度，其均值為負，說明配股後操縱性應計利潤下降，表明配股後公司操縱性應計利潤出現了反轉。

為了對本章的假設 H2、H3 進行檢驗，本章用普通最小二乘法進行迴歸分析。同時，本章採用「變量變換」和「White 異方差校正」，使迴歸方程不存在共線性和異方差問題。模型的迴歸結果如表 5-5 和表 5-6。

表 5-5　影響公司配股真實業績變化的迴歸結果（配對模型）

自變量	因變量：△OPA 模型（1）						
INTERCEPT	0.8137 (3.02)***	0.7808 (2.79)***	0.7837 (2.94)***	0.7321 (2.74)***	0.7390 (2.81)***	0.7060 (2.64)***	0.7111 (2.74)***
△SN	0.2436 (1.01)		0.3975 (1.50)		0.2386 (1.01)		0.3917 (1.51)
△SC		0.0726 (1.73)*	0.0899 (2.20)**			0.0723 (1.68)*	0.0893 (2.12)**
△DA				0.0659 (0.66)	0.0648 (0.65)	0.0650 (0.64)	0.0631 (0.63)
$\beta_1-\beta_3$					0.1738 (0.67)		0.3287 (1.17)
$\beta_2-\beta_3$						0.0073 (0.07)	0.0263 (0.24)
RUNUP	0.6553 (3.73)***	0.6688 (3.94)***	0.6667 (4.01)***	0.6432 (3.61)***	0.6407 (3.62)***	0.6541 (3.80)***	0.6524 (3.88)***
LC10	0.0313 (1.88)*	0.0296 (1.81)*	0.0283 (1.70)*	0.0322 (1.97)*	0.0317 (1.91)*	0.0301 (1.85)*	0.0287 (1.73)
CONSTRAINT	0.0316 (0.67)	0.0415 (0.91)	0.0340 (0.73)	0.0351 (0.77)	0.0300 (0.64)	0.0398 (0.88)	0.0324 (0.71)
FCONTROL	0.0618 (1.77)*	0.0617 (1.79)*	0.0654 (1.88)*	0.0587 (1.69)*	0.0606 (1.74)*	0.0605 (1.76)*	0.0642 (1.85)*
MB	-0.0113 (-2.27)**	-0.0101 (-2.11)**	-0.0105 (-2.24)**	-0.0112 (-2.27)**	-0.0116 (-2.36)**	-0.0104 (-2.21)**	-0.0108 (-2.35)**
SIZE	-0.0414 (-3.19)***	-0.0402 (-2.96)***	-0.0401 (-3.10)***	-0.0374 (-2.91)***	-0.0375 (-2.98)***	-0.0363 (-2.82)***	-0.0364 (-2.91)***
N	119	119	119	119	119	119	119
Adjusted R^2	0.16	0.17	0.18	0.16	0.16	0.17	0.18
F	4.20***	4.52***	4.20***	4.23***	3.77***	4.06***	3.82***

註：對方程的迴歸系數進行 T 檢驗，括號裡的為 T 值，「*」表示在 10% 水準下顯著，「**」表示在 5% 水準下顯著，「***」表示在 1% 水準下顯著。

表5-5顯示的是對公司配股前後真實業績變化（$\triangle$OPA）的迴歸結果。衡量大股東轉嫁掏空成本程度的指標$\triangle$SN和$\triangle$SC迴歸系數都為正，但只有$\triangle$SC的迴歸系數在統計上顯著，這表明只有社會法人股性質的大股東轉嫁掏空成本的程度與公司配股前後真實業績變化顯著正相關，即：社會法人股性質的大股東轉嫁掏空成本越多，公司配股後的真實業績（OPA）下降得越快。衡量操縱性應計利潤反轉程度的指標$\triangle$DA的迴歸系數統計上不顯著，說明操縱性應計利潤的反轉對公司的真實業績（OPA）沒有顯著影響；同時，雖然$\triangle$SN和$\triangle$SC的迴歸系數比$\triangle$DA的迴歸系數大，但是兩者之間沒有顯著差異，表現為$\triangle$SN和$\triangle$SC分別與$\triangle$DA迴歸系數之差「$\beta_1-\beta_3$」、「$\beta_2-\beta_3$」統計上不顯著，說明大股東的掏空行為並不比盈餘管理更能顯著影響公司配股後真實業績的下滑。因此，大股東的掏空行為雖然能顯著影響公司配股後真實業績的下滑，但是並不比盈餘管理更能顯著影響公司配股後真實業績的下滑，假設H2得到部分支持。

　　控制變量中，配股前業績的增長RUNUP的迴歸系數顯著為正，說明配股前的業績增長得到很好的保持，對公司配股後的業績影響有利。股權集中度指標LC10的迴歸系數顯著為正，表明股權集中度對公司配股後的業績有正面影響。終極控制人變量FCONTROL的迴歸系數顯著為正，說明終極控制人性質為國有的，對公司配股後的業績有正面影響，可能是因為國有法人終極控股的公司治理通常要好於社會法人終極控股的公司。市淨率MB的迴歸系數顯著為負，可能是成長性越高的公司，信息不對稱越嚴重，公司配股後的業績下降得越快。資產規模SIZE的迴歸系數顯著為負，表明規模大的公司，內部控制成本高，對公司配股後的業績有負面影響。

表 5-6 影響公司配股會計業績變化的迴歸結果（配對模型）

自變量	因變量：△ROA						
	模型（2）						
INTERCEPT	1.0854 (2.77)***	1.0527 (2.64)***	1.0548 (2.67)***	0.8098 (2.41)**	0.8092 (2.37)**	0.7762 (2.27)**	0.7790 (2.27)**
△SN	0.0203 (0.05)		0.1564 (0.39)		0.0153 (0.04)		0.1202 (0.32)
△SC		0.0737 (1.38)	0.0804 (1.52)			0.0747 (1.32)	0.0800 (1.41)
△DA				0.2403 (2.38)**	0.2404 (2.18)**	0.2412 (2.37)**	0.2402 (2.36)**
$\beta_1-\beta_3$					−0.2557 (−0.72)		−0.1199 (−0.32)
$\beta_2-\beta_3$						−0.1663 (−1.38)	−0.1601 (−1.35)
RUNUP	0.8734 (3.73)***	0.8541 (3.65)***	0.8609 (3.67)***	0.7806 (3.62)***	0.7797 (3.69)***	0.7617 (3.58)***	0.7674 (3.62)***
LC10	0.0535 (2.39)**	0.0511 (2.28)**	0.0506 (2.28)**	0.0548 (2.63)***	0.0548 (2.62)***	0.0524 (2.53)**	0.0520 (2.50)**
CONSTRAINT	0.1030 (1.48)	0.1081 (1.60)	0.1053 (1.52)	0.0946 (1.45)	0.0948 (1.41)	0.0993 (1.52)	0.0971 (1.45)
FCONTROL	0.1238 (2.17)**	0.1252 (2.18)**	0.1267 (2.20)**	0.1190 (2.08)**	0.1189 (2.08)**	0.1207 (2.09)**	0.1219 (2.11)**
MB	−0.0148 (−2.27)**	−0.0139 (−2.20)**	−0.0141 (−2.21)**	−0.0159 (−2.56)**	−0.0159 (−2.52)**	−0.0150 (−2.47)**	−0.0151 (−2.48)**
SIZE	−0.0558 (−2.97)***	−0.0545 (−2.84)***	−0.0545 (−2.87)***	−0.0417 (−2.61)**	−0.0417 (−2.59)**	−0.0404 (−2.48)**	−0.0404 (−2.49)**
N	119	119	119	119	119	119	119
Adjusted R^2	0.17	0.18	0.18	0.22	0.21	0.22	0.21
F	4.50***	4.75***	4.14***	5.68***	4.92***	5.17***	4.57***

註：對方程的迴歸系數進行T檢驗，括號裡的為T值，「*」表示在10%水準下顯著，「**」表示在5%水準下顯著，「***」表示在1%水準下顯著。

表5-6顯示的是對公司配股前後會計業績變化（△ROA）的迴歸結果。衡量大股東轉嫁掏空成本程度的指標△SN和△SC迴歸系數在統計上都不顯著，這說明由於受到操縱性應計的干擾，大股東的掏空行為對公司配股後會計業績下滑的直接影響要打個折扣，在統計上表現不顯著；衡量操縱性應計利潤反轉程度的指標△DA的迴歸系數統計上顯著為正，說明操縱性應計利潤反轉越多，公司配股後的會計業績（ROA）下降得越快；

同時，雖然△DA 的迴歸系數比△SN 和△SC 的迴歸系數大，但是兩者之間沒有顯著差異，表現為△SN 和△SC 分別與△DA 的迴歸系數之差「$\beta_1-\beta_3$」、「$\beta_2-\beta_3$」在統計上不顯著，說明大股東的掏空行為不如盈餘管理那樣顯著直接影響公司配股後會計業績的下滑，但是在統計上兩種影響力沒有顯著差異。經驗數據不支持大股東掏空行為能顯著直接影響公司配股後會計業績的下滑，同時也不支持大股東掏空行為比盈餘管理更能顯著直接影響公司配股後會計業績的下滑，因此假設 H3 沒有得到支持。控制變量的迴歸結果與表 5-5 相似，不再贅述。

5.4.3 穩健性測試

為了進一步考察結果的穩健性，我們對表 5-5 和表 5-6 的結果做了穩健性分析。其一，我們採用變化模型（Change Model）重新對模型（1）和（2）進行迴歸分析，檢驗本章的假設。其二，夏立軍（2003）的研究顯示，在中國分行業截面迴歸的基本 Jones 模型能有效揭示出盈餘管理，因此，我們用分行業截面迴歸的基本 Jones 模型估計 DA，重新對本章的假設進行檢驗。以上穩健性分析結果均顯示，表 5-5 和表 5-6 的主要研究結論不變。

5.5 研究結論和啟示

中國證券市場成立之初的目的是為國有企業解困，使得中國的上市公司絕大多數由國有企業改制而來。為了保護公有制的主體地位，大部分股份為國家和政府持有，造成了「一股獨大」和「一言堂」的局面。這也是中國證券市場特有的制度特

徵，同時也為大股東的掏空行為創造了先天的條件。大股東處於超強的控制狀態，而公司的內部治理和外部監管及對中小投資者的法律保護比較弱，兩者的結合使得大股東掏空的成本非常小，大股東掏空行為比較猖獗。而盈餘管理和大股東掏空有著天然的聯繫，盈餘管理的背後動機是大股東巨大的掏空利益，這為中國上市公司配股後業績出現顯著下滑形成了最好的註解。由於大股東和中小股東之間存在嚴重的信息不對稱，大股東控制了上市公司，弱勢的中小股東由於個體理性和「搭便車」心理不得不選擇為大股東配股融資後的掏空行為「買單」，這樣大股東不但實現了巨大的掏空利益，而且還把掏空成本盡量轉嫁給中小股東。由此，本章認為掏空理論比盈餘管理觀點更能直接解釋中國上市公司配股業績下滑之謎。

　　本章以中國市場配股最熱的幾個年度 1998—2000 年進行配股的上市公司為樣本，以大股東配股前後持股比例的變化衡量大股東轉嫁掏空成本的程度。實證研究發現，公司配股後會計業績和真實業績同時出現了顯著下滑；配股後操縱性應計利潤的反轉會引起公司會計業績的顯著下滑，但是對公司配股後真實業績的下滑沒有顯著影響；而大股東轉嫁掏空成本的程度會影響公司配股後真實業績的下滑，但只有社會法人股性質的大股東轉嫁掏空成本的程度會顯著影響公司配股後真實業績的下滑，而由於受到操縱性應計的干擾，大股東轉嫁掏空成本的程度對公司配股後會計業績下滑的直接影響要打個折扣，在統計上表現不顯著。這說明，中國上市公司配股業績的下滑，不但與盈餘管理有關，而且與上市公司大股東的掏空行為有關，重要的是中國上市公司的大股東的掏空行為是造成其真實業績下滑的根本原因。

　　本章給我們的啟示是：要防止公司配股後業績出現下滑，抑制上市公司配股過程中的盈餘管理行為不能解決根本問題，

重要的是如何抑制上市公司大股東的掏空行為及其掏空成本的轉嫁。同時，本章的經驗結果說明，防止大股東掏空行為和保護中小投資者的利益，是中國證券市場建設的重中之重，這需要一系列的內在公司治理和外在制度建設的進一步完善。

第六章
配股管制變遷與審計意見信息含量

本章檢驗中國配股管制變遷對審計意見信息含量的影響。經研究發現，審計意見在配股融資過程中對於政府監管者和市場投資者具有一定的信息含量，但配股管制從無審計意見管制時期變遷到審計意見管制時期後，由於在新的管制環境下審計意見從隱性的市場制度安排變為顯性的政府管制手段，審計意見的信息含量在強硬的管制效應擠占下沒有顯著表現。

6.1 引言

中國的配股管制比較明顯的特徵是強調對上市公司會計盈利指標的監管[①]，而忽視對會計盈利質量的監管，特別是缺乏對財務報表非標意見（Modified Audit Opinions，MAO）[②]信息的重視，甚至不嚴格區分非標意見和標準意見的信息。這種監管的不對稱，直接導致了上市公司瘋狂地進行利潤操縱以達到或迎合監管者的業績監管需求，同時造成非標意見的急遽增加（Chen，Chen and Su，2001）。鑒於此，2001年中國證監會一聲令下，明確要求加強對非標意見的監管，在2001年的配股管制政策中明文規定要求進行配股申請的上市公司最近三年財務報告被出具非標意見的，所涉及的事項應當對公司無重大影響或影響已經消除，違反合法性、公允性和一貫性的事項應當已經糾正（證監會，2001）。證監會加強對上市公司配股申請過程中

　　[①] 如中國的配股管制在1999年和2001年的政策中分別要求上市公司最近三年ROE平均在10%或6%以上才能申請配股融資。
　　[②] 根據2001年證監會《公開發行證券的公司信息披露編報規則第14號——非標準無保留審計意見及其涉及事項的處理》的通知，非標準無保留審計意見（簡稱非標意見），指帶解釋性說明的無保留意見、保留意見、無法表示意見和否定意見。

非標意見的審核，這一監管政策的變化將會給證券市場帶來什麼變化，特別是非標意見的信息含量是否由此發生變化，這是一個有待檢驗的經驗問題。因此，我們將主要根據這一監管環境的變化檢驗配股管制加強對非標意見信息含量的影響。

作為監督機制的獨立審計被認為是可以減少公司代理成本和提高公司價值的一種制度安排（Jensen and Meckling, 1976; Watts and Zimmerman, 1983）。處於轉型經濟的中國也在加強這一制度安排，要求公司首次公開募股融資和股權再融資前三年的財務報表及上市公司的各年年報須經註冊會計師審計。備受理論界和實務界爭議的是，在一個投資者法律保護弱、管制盛行的轉型經濟國家，通過政府推動的審計制度安排能否具有監督機制的作用[1]，註冊會計師能否具有獨立的操守和專業水準，審計報告能否具有價值相關性和信息含量。

顯然，單是依靠政府的力量推動審計質量的提高是不夠的，但是審計報告依然具有價值相關性和信息含量。公司經理人為了避免非標意見的不利影響而選擇小所進行審計，導致中國審計市場出現了大所的審計質量顯著提高而其市場份額明顯下降的相互背離的現象（DeFond, Wong and Li, 2000）。而市場投資者對非標意見的信息解讀也是負面的（Chen, Su and Zhao, 2000）。上市公司年報被出具非標意見，表明其會計報表在合法性、公允性、一致性方面有所欠缺，會引起監管者的注意並遭受更嚴格的監管和相應的處罰。非標意見的決策有用性在中國上市公司經理人和市場投資者身上得到了充分反應[2]，但是在中

---

[1] 政府通過制定審計準則和直接監督會計師事務所的運行情況來推動中國審計市場的發展，如財政部1995年根據國際審計準則頒布的《獨立審計準則》及最近頒布的《中國註冊會計師審計準則》等來規範註冊會計師的執業行為，同時中國註冊會計師協會每年對會計師事務所的前一年度的執業質量進行檢查。

[2] DeFond, Wong and Li (2000) 研究了中國非標意見對上市公司選擇事務所決策的影響，Chen, Su and Zhao (2000) 研究了非標意見對市場投資者行為的影響。

國對監管者的反應還缺乏相應的實證研究。我們將從監管者的角度來研究非標意見的信息含量和決策有用性。

在 2001 年配股管制政策出抬前，證監會沒有明文規定對上市公司配股申請文件中的非標意見進行審核，這是否表明證監會在審核上市公司配股資格時對其申請文件中的非標意見信息無動於衷、漠然視之，還是怦然心動並已採取行動，並且配股申請被證監會審核通過或拒絕的上市公司的未來長期業績[1]是否會對其非標意見信息進行不同的解讀和反應，還是仍然無動於衷。2001 年中國證監會一聲令下，明確規定加強對上市公司配股申請過程中非標意見的審核。面對這一監管政策的變化，上市公司在申請配股融資時會有什麼反應，並且，這是否意味著非標意見對證監會審核上市公司配股資格具有重要的影響和信息價值，還是非標意見的信息含量被強硬的監管扭曲或削減，同時非標意見的信息是否在上市公司的未來長期業績中得到相應的體現。這些問題都需要實證檢驗。

本章選取 2001 年配股管制政策出抬前後兩個不同配股管制時期（1999—2000 年和 2001—2002 年）向證監會提交配股申請的公司進行分析後發現，中國上市公司在 2001 年配股管制加強後存在「自選擇」過程，特別是配股申請被證監會拒絕的公司（簡稱「拒絕組」），其在配股申請前三年被出具非標意見的頻率顯著低於 2001 年配股管制加強前被出具非標意見的頻率；同時，2001 年配股管制的加強扭曲和削減了配股申請被證監會審核通過的公司（簡稱「通過組」）的非標意見信息，在 2001 年的配股管制加強前，通過組的非標意見信息在監管者身上和未來長期市場業績上得到反應，而在 2001 年的配股管制加強後卻未得到反應，說明 2001 年配股管制的加強使得通過組公司的非

---

[1] 本章的未來長期業績包括未來長期市場業績和未來長期會計業績。

標意見在 2001 年配股管制加強後不再具有信息含量，其決策有用性在監管者身上和未來長期市場業績上未得到反應。

　　本章的貢獻在於：結合中國特殊的制度背景，研究中國配股管制從對會計盈利監管的不對稱到開始加強對審計意見的監管這一制度變遷過程對上市公司配股融資的行為和審計意見信息含量的影響。我們研究發現，2001 年配股管制的加強使得中國需要進行配股融資申請的上市公司出現「自選擇」過程，同時，配股管制的加強會擠占審計意見應有的信息含量和價值功能，表現為非標意見和標準意見在政府監管者的決策上不再有差異化考慮，在配股公司的長期市場業績上不再有顯著差別反應。這為理解中國的配股管製作用和市場仲介組織機構（如會計師事務所）的功能提供了新的經驗證據，儘管配股管制的加強會提高中國證券市場資源配置的有效性，配股管制功能的完善還是需要強化市場仲介組織（如會計師事務所）的功能來推動中國證券市場的發展，使之成為中國經濟健康和諧發展的保證。

6.2　理論分析和研究假設

　　中國配股管制的初衷是讓資本市場有限的資源配置到績優的公司中從而保護投資者的利益、推動中國經濟的發展。而配股管制在中國乃一新生事物，無歷史經驗可借鑑，又無現成例子可學習，面對證券市場成立初期中國上市公司瘋狂的配股融資行為，中國證監會果斷推出了相應的政策法規來限制和規範

上市公司的配股融資行為①。由於中國的配股管制乃一首創措施，證監會對配股管制條款的設置是在嘗試中探索，並不斷進行修正和完善。縱觀中國配股管制的發展歷程，可以發現中國配股管制一個明顯的特徵是強調對上市公司會計業績指標的監管②。這種以會計業績指標來進行監管容易導致上市公司的盈餘管理和操縱行為（Watts and Zimmerman, 1990）。最明顯的例子是中國的配股管制政策出抬後導致了上市公司業績指標 ROE 密集在「10%」和「6%」上方的盈餘管理現象（陳小悅，等，2000；閻達五，等，2001；Chen and Yuan, 2004；Yu et al., 2006）。這一現象引起的爭議是配股監管有沒有必要和配股監管到底合不合理，特別是配股管制強調對上市公司會計業績指標數量的監管，而忽視了對上市公司會計業績質量的監管。這種監管的不對稱，直接導致了上市公司瘋狂地進行利潤操縱以達到監管者的業績監管需求，同時造成非標意見的急遽增加（Chen, Chen and Su, 2001）。上市公司的財務報表被出具非標意見，表明其財務會計信息的可靠性、公允性、一貫性受到質疑，而證監會對上市公司配股融資資格進行審核時，居然漠然視之，這顯然有失公允。因此，證監會在 2001 年出抬的新的配股監管條款中，加強了對非標意見的審核，明文規定進行配股申請的上市公司最近三年財務報告被出具非標意見的須進行說明，並採取措施對所涉及事項進行糾正和調整以消除不良影響。

　　根據「決策有用觀」的觀點，審計意見作為公司財務報表

---

① 中國證監會從 1993 年開始才明確推出關於配股管制的政策法規。
② 證監會對上市公司配股融資會計業績指標的要求：1993 年要求連續兩年盈利；1994 年要求最近三年平均 ROE 達到 10%；1996 年要求連續三年每年的 ROE 必須達到 10%；1999 年要求最近三年 ROE 平均在 10% 以上但每年不低於 6%；2001 年要求加權平均淨資產收益率平均不低於 6%；2006 年要求最近三個會計年度連續盈利。2001 年的政策和 2006 年的政策都要求，扣除非經常性損益後的淨利潤與扣除前的淨利潤相比，以低者作為計算依據。

資料信息質量的一種認證信息，會受到信息使用者的採用並進行合理的決策。而根據 2001 年配股監管政策的出抬背景和 Chen, Chen and Su（2001）的研究結論，我們可以知道，在 2001 年配股監管政策出抬前，非標意見的信息沒有得到證監會的採用，因此，本章的第一個假設 H1a 如下：

H1a：在 2001 年配股監管政策出抬前，配股申請公司的非標意見信息沒有在監管者身上和未來長期業績上得到反應。

而 Chen, Su and Zhao（2000）利用 1995—1997 年財政年度上市公司的非標意見數據和李增泉（1999）利用 1993—1997 年財政年度上市公司的非標意見數據所做的研究顯示，中國的非標意見對於證券市場投資者具有信息含量，非標意見在中國證券市場上是「壞消息」。並且，證監會在 1996—1998 年也能對配股申請公司的盈餘管理行為進行鑑別（Chen and Yuan, 2004），說明中國證監會在無明文規定情況下已經在對配股申請公司的盈利質量進行關注並進行決策。根據已有的實證研究結論，我們可以推知，在 2001 年配股監管政策出抬前，配股申請公司的非標意見信息已在監管者身上和未來長期業績上得到反應。因此，我們提出假設 H1b。

H1b：在 2001 年配股監管政策出抬前，配股申請公司的非標意見信息已在監管者身上和未來長期業績上得到反應。

2001 年證監會出抬新的配股管制政策，開始加強對非標意見的審核（如圖 6-1）。2001 年的配股管制政策是對以前的配股管制政策的修正和完善，特別加強了對配股申請公司盈利質量的監管，使以前存在的盈利監管不對稱得到修正，明確規定進行配股申請的上市公司最近三年財務報告被出具非標意見的須進行說明，並採取措施對所涉及事項進行糾正和調整以消除不良影響。因此根據本章的第一個假設 H1a，我們可以預測，在 2001 年配股監管政策出抬後，配股申請公司的非標意見的信

審計意見

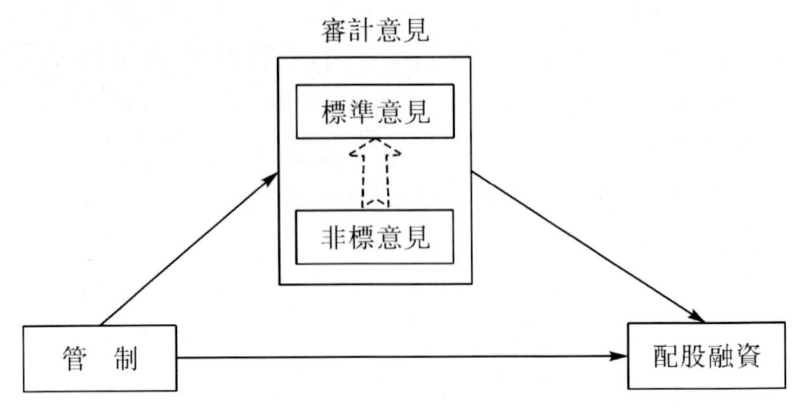

標準意見

非標意見

管　制　　　　　　　　　　　　配股融資

圖 6-1　管制、審計意見對中國上市公司配股融資的影響

息開始在監管者身上和未來長期業績上得到反應，並且相對於 2001 年前的配股管制政策更顯著。因此本章的第二個假設 H2a 如下：

H2a：在 2001 年配股監管政策出抬後，配股申請公司的非標意見信息開始在監管者身上和未來長期業績上得到反應，並且相對於 2001 年前的配股管制政策更顯著。

如圖 6-1 所示，2001 年的配股管制政策使得配股申請公司的非標意見信息向標準意見信息靠攏，非標意見的信息與標準意見的信息逐漸趨同，這種強硬的管制會讓非標意見的信息出現扭曲和衰減，在上市公司配股資格審核中，監管者可能不再對非標意見和標準意見加以區分。另外，強硬的配股管制會使得需要進行配股融資申請的上市公司出現「自選擇」過程，這種自選擇過程來自中國配股管制的間接作用（王良成，陳漢文，2009）。上市公司在準備配股申請材料的時候或者在向證監會提交配股申請前，如果非標意見所涉及的事項無法得到糾正和調整，上市公司可能考慮到配股管制的影響會主動放棄向證監會提交配股申請。因此，在 2001 年的配股管制政策出抬後，我們觀察到的上市公司向證監會提交了配股申請的上市公司的非標

意見，其表達的財務信息的合法性、公允性和一貫性與標準意見的信息基本趨同，造成非標意見的信息出現扭曲和衰減。由此，我們可以推論，在 2001 年的配股管制政策出抬後，配股申請公司的非標意見的信息在監管者身上和未來長期業績上可能得不到反應。在此，我們提出假設 H2b。

H2b：在 2001 年配股監管政策出抬後，配股申請公司的非標意見信息在監管者身上和未來長期業績上得不到反應，並且相對於 2001 年前的配股管制政策沒有顯著差異。

6.3　數據樣本和研究方法

6.3.1　數據樣本

本章選取 2001 年配股管制政策出抬前後兩個不同配股管制時期（1999—2000 年和 2001—2002 年）向證監會提交配股申請的公司作為研究樣本檢驗本章的假設。我們選取樣本的依據是：凡是上市公司在 1999—2002 年期間向證監會提交了配股申請的就作為我們的研究樣本觀察值；如果上市公司提交的配股議案得到中國證監會的核准並進行了公告，我們視該上市公司的配股申請被證監會核准通過（簡稱「通過組」），否則，樣本公司就被視為被證監會拒絕（簡稱「拒絕組」）；並且，我們的樣本觀察值不包括金融類公司。經過以上的篩選，最後我們得到的樣本觀察值為 507 家，研究樣本的基本情況如表 6-1。其他數據來自 CSMAR 和 WIND 數據庫。

表 6-1　　　　　　　研究樣本的基本情況

管制時期	年度	觀察值	拒絕組	通過組	證監會審核通過率
1999—2000	1999	163	27	136	0.834
	2000	212	27	185	0.873
	小計	375	54	321	0.860
2001—2002	2001	80	36	44	0.550
	2002	52	34	18	0.346
	小計	132	70	62	0.470
1999—2002	總計	507	124	383	0.755

註：證監會審核通過率＝通過組/（通過組＋拒絕組）

6.3.2 研究方法

1. 非標意見信息在監管者身上的反應

為了檢驗配股申請公司的非標意見信息在監管者身上的反應情況，即在審核上市公司的配股資格時，證監會是否考慮了非標意見的信息，我們構建如下 Logistic 迴歸模型：

$$\text{Prob}(\text{Approve}=1) = 1 - F[-(a_0 + a_1 \text{Regl\_01} + a_2 \text{MAO} + a_3 \text{Small} + a_4 \text{ENOA} + a_5 \text{Pre\_ROA} + a_6 \text{CR} + a_7 \text{Lev} + a_8 \text{Growth} + a_9 \text{Size})] \quad (1)$$

$$\text{Prob}(\text{Approve}=1) = 1 - F[-(b_0 + b_1 \text{Regl\_01} + b_2 \text{MAO\_99} + b_3 \text{MAO\_01} + b_4 \text{Small} + b_5 \text{ENOA} + b_6 \text{Pre\_ROA} + b_7 \text{CR} + b_8 \text{Lev} + b_9 \text{Growth} + b_{10} \text{Size})] \quad (2)$$

因變量：Approve，虛擬變量，如果上市公司的配股申請被證監會審核通過，取值為 1，如果被拒絕，取值為 0；F 假定為

來自 Logistic 分佈的累積分佈函數。

測試變量：在模型（1）裡，MAO，虛擬變量，如果配股申請公司前三年的財務報表有被出具非標意見的，此時取值為1，否則取值為0。MAO 的迴歸系數 a_2 表示證監會在2001年配股管制政策前後兩個管制時期（1999—2000年和2001—2002年）總體上考慮非標意見信息的程度。在模型（2）裡，MAO_99 和 MAO_01 分別表示 MAO 與2001年配股管制政策前後兩個管制時期（1999—2000年和2001—2002年）的交乘項，MAO_99 的迴歸系數 b_2 表示證監會在2001年配股管制政策前（1999—2000年）考慮非標意見信息的程度，MAO_01 的迴歸系數 b_3 表示證監會在2001年配股管制政策後（2001—2002年）考慮非標意見信息的程度，$(b_3 - b_2)$ 表示證監會在2001年配股管制政策前後兩個管制時期（1999—2000年和2001—2002年）考慮非標意見信息的差異程度。

控制變量：Regl_01，虛擬變量，當樣本公司配股申請年度在2001年配股管制政策後（2001—2002年）取值為1，否則取值為0。我們把該變量放入模型中，是為了看證監會在2001年配股管制政策前後兩個管制時期對上市公司配股資格審核的嚴格程度是否有差異。Small，虛擬變量，如果樣本公司前三年的報表存在由小規模的會計師事務所審計的情況①，此時取值為1，否則取值為0。我們把該變量放入模型中，是為了控制事務所規模對證監會審核上市公司配股資格的影響。ENOA，經行業調整的非經營性利潤率，根據 Chen and Yuan（2004）的做法，此指標代表中國上市公司盈餘管理的程度。我們把該變量放入模型中，是為了控制盈餘管理對證監會審核上市公司配股資格的影響。Pre_ROA，樣本公司前三年的平均總資產淨利潤率。我們把

---

① 本章的小規模事務所，是指非國際大所和非國內十大會計師事務所。事務所規模我們以事務所客戶的總資產進行計算。

該變量放入模型中，是為了控制樣本公司的業績對證監會審核上市公司配股資格的影響。CR，流動比率；Lev，負債比率。這兩個指標表示樣本公司對權益融資的需求程度。我們把該變量放入模型中，是為了控制樣本公司權益融資的需求程度對證監會審核上市公司配股資格的影響。Growth，主營業務收入增長率，代表公司的成長性。我們把該變量放入模型中，是為了控制樣本公司的成長性對證監會審核上市公司配股資格的影響。Size，資產規模，取其自然對數。我們把該變量放入模型中，是為了控制樣本公司的資產規模對證監會審核上市公司配股資格的影響。

2. 非標意見信息在未來長期業績上的反應

為了檢驗非標意見信息在未來長期業績上的反應，我們必須首先構造樣本公司未來的長期業績，本章的未來長期業績包括未來長期市場業績和未來長期會計業績。

(1) 未來市場業績度量

根據 Conrad and Kaul（1993）的建議[①]，我們採用經市場收益調整的持有超常月收益率（Buy-and-Hold Monthly Abnormal Returns，BHAR）衡量未來長期市場業績，同時採用價值加權法和月收益率來計算長期市場業績，並以當月市場的收益率作為基準進行調整[②]。

$$BHAR = \{\prod(1 + R_{im})\} - \{\prod(1 + R_{mm})\} \quad (3)$$

式（3）中的 R_{im}、R_{mm} 分別表示個股月收益率和市場月收

[①] Conrad and Kaul（1993）認為，採用 CAR 衡量長期市場業績時，會出現向上或向下的偏差。

[②] Fama（1998）認為採用 CAPM 計算超額回報率的有效性比其他模型的要差，並且多數研究也表明採用 CAPM 計算超額回報率的表現並不比用市場收益率計算超額回報率好，我們直接採用市場月收益率作為基準計算超額回報率。

益率，我們以此來衡量樣本公司在配股議案公告①後三年的市場業績表現。並且，為了控制異常值的影響，我們進行1%水準的Winsorize處理。

（2）未來會計業績度量

由於以淨利潤計算的財務業績指標（如淨資產淨利潤率和總資產淨利潤率）容易被操縱（Chen and Yuan, 2004; Yu et al., 2006），我們採用總資產營業利潤率ROA（即，營業利潤除以總資產）來衡量樣本公司的會計業績。為了控制行業和年度因素的影響，並且會計業績指標一般不服從正態分佈，參照Chen and Yuan（2004）的方法，我們用當年行業會計業績的中位數對樣本公司的會計業績進行調整。

$$\text{ROA\_ind}_{im} = \text{ROA}_{im} - \text{ROA}_{ii} \tag{4}$$

式（4）中的ROA_{im}和ROA_{ii}分別表示樣本公司的總資產營業利潤率和行業中位數的總資產營業利潤率，ROA_ind_{im}是經行業中位數調整的總資產營業利潤率。並且，為了控制異常值的影響，我們進行1%水準的Winsorize處理。

為了檢驗非標意見信息在未來長期業績上的反應情況，我們構造如下迴歸模型：

$$\text{Performance} = a_0 + a_1 \text{Regl\_01} + a_2 \text{MAO} + a_3 \text{Small} + a_4 \text{ENOA} + a_5 \text{BM} + a_6 \text{Size} + \varepsilon \tag{5}$$

$$\text{Performance} = b_0 + b_1 \text{Regl\_01} + b_2 \text{MAO\_99} + b_3 \text{MAO\_01} + b_4 \text{Small} + b_5 \text{ENOA} + b_6 \text{BM} + b_7 \text{Size} + \varepsilon \tag{6}$$

因變量：Performance，表示樣本公司的未來業績。當為市場業績時，Performance為配股議案公告後一年、二年、三年的

---

① 我們選擇配股議案第一次公告的日期為事件日，即董事會決議公告配股議案的日期。我們認為市場會在配股議案的第一次公告時對其信息含量進行解讀，市場會對不同組的配股申請公司做出不同的反應，這有利於對通過組公司的未來市場業績與拒絕組的未來市場業績進行比較。

CAR，即12個月、24個月、36個月的CAR；當為會計業績時，Performance為配股議案公告後三個會計年度ROA_ind_{im}的平均數。

測試變量：在模型（5）裡，MAO，虛擬變量，如果配股申請公司前三年的財務報表有被出具非標意見的，此時取值為1，否則取值為0。MAO的迴歸系數a_2表示在2001年配股管制政策前後兩個管制時期（1999—2000年和2001—2002年）的非標意見信息總體上在未來長期業績上的反應程度。在模型（6）裡，MAO_99和MAO_01分別表示MAO與2001年配股管制政策前後兩個管制時期（1999—2000年和2001—2002年）的交乘項，MAO_99的迴歸系數b_2表示在2001年配股管制政策前（1999—2000年）非標意見信息在未來長期業績上的反應程度，MAO_01的迴歸系數b_3表示在2001年配股管制政策後（1999—2000年）非標意見信息在未來長期業績上的反應程度，(b_3-b_2)表示在2001年配股管制政策前後兩個管制時期（1999—2000年和2001—2002年）非標意見信息在未來長期業績的反應的差異程度。

控制變量：模型（5）和模型（6）裡的控制變量和模型（1）和模型（2）的控制變量定義相同，重複的就不再贅述。BM是在採用未來長期市場業績作為因變量進行迴歸時的控制變量（權益資產帳面價值除以市值），把該變量放在模型裡用來控制公司成長性對公司未來市場業績的影響。而在採用未來長期會計業績作為因變量進行迴歸時，BM控制變量被Growth控制變量代替。

另外，我們對迴歸模型中的連續變量都進行了1%水準的Winsorize處理，以此來控制極值的影響。

6.4 實證結果及分析

6.4.1 樣本公司的「自選擇」過程

圖6-2顯示的是2001年配股管制政策前後兩個管制時期（1999—2000年和2001—2002年）所有非金融類上市公司與向證監會提交配股申請的公司在配股申請前後三年被出具非標意見的頻率的情況。

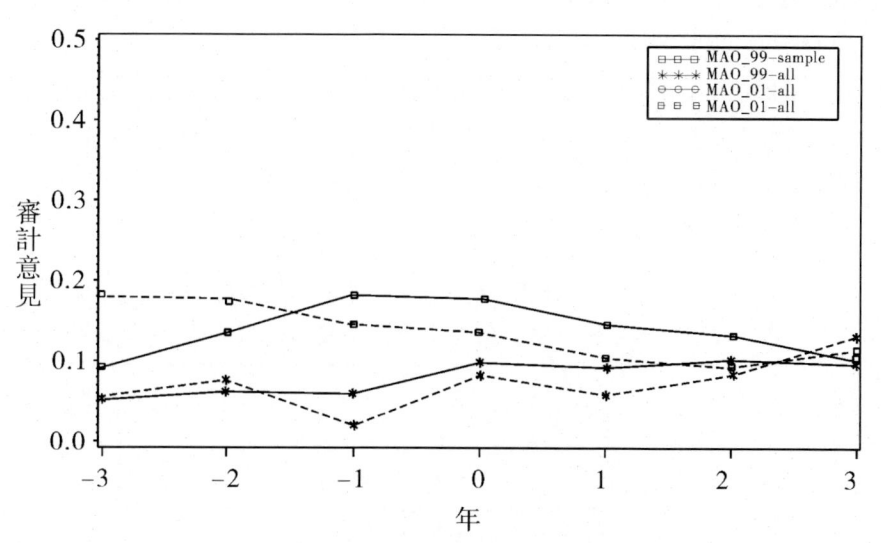

圖6-2 所有上市公司與樣本公司前後三年
被出具非標意見頻率的情況

從圖6-2可知，所有非金融類上市公司在2001年配股管制政策前（1999—2000年）的配股申請前三年被出具非標意見的頻率總體上要低於在2001年配股管制政策後（2001—2002年）被出具非標意見的頻率，而向證監會提交配股申請的公司在

2001年配股管制政策前（1999—2000年）的配股申請前三年被出具非標意見的頻率總體上要略高於在2001年配股管制政策後（2001—2002年）被出具非標意見的頻率。

表6-2顯示的是所有非金融類上市公司與樣本公司在2001年配股管制政策前後兩個管制時期（1999—2000年和2001—2002年）被出具非標意見的頻率的統計情況。配股議案公告前第1年（即「-1」年），在2001—2002年管制時期向證監會提交配股申請的公司被出具非標意見的頻率顯著低於在1999—2000年管制時期向證監會提交配股申請的公司被出具非標意見的頻率，但在配股議案公告前三年總體上不顯著低於在1999—2000年管制時期被出具非標意見的頻率，說明2001年配股管制有所加強，上市公司在考慮配股融資時，對非標意見事項存在自選擇的可能。而所有非金融類上市公司在2001—2002年管制時期的配股議案公告前三年被出具非標意見的頻率總體上要顯著高於在1999—2000年管制時期被出具非標意見的頻率。

表6-2　2001—2002年與1999—2000年兩個管制時期所有非金融類上市公司與樣本公司總體被出具非標意見頻率的比較

年度		-3	-2	-1	0	1	2	3	配股前三年
總樣本									
2001—2002管制時期	均值	0.0545	0.0763	0.0227	0.0833	0.0606	0.0846	0.1318	0.0509
1999—2000管制時期	均值	0.0526	0.0628	0.0613	0.0987	0.0933	0.1013	0.0987	0.0600
T		0.07	0.51	-2.15**	-0.54	-1.27	-0.58	0.98	-0.66
所有非金融類上市公司									
2001—2002管制時期	均值	0.1831	0.1782	0.1476	0.1336	0.1056	0.0952	0.1152	0.1683
1999—2000管制時期	均值	0.0948	0.1375	0.1831	0.1782	0.1476	0.1336	0.1056	0.1435
T		7.05***	3.30***	-2.96***	-4.00***	-4.28***	-4.22***	1.10	3.46***

註：①所有非金融類上市公司與所有樣本公司在2001—2002年與1999—2000年兩個管制時期在配股申請前後三個會計年度總體被出具非標意見的頻率的統計比較。以配股議案公告當年為基準年，即配股議案公告當年為「0」，配股議案公告前第1年為「-1」，配股後議案公告第1年為「1」，依此類推，下同。

②本章用T檢驗比較樣本公司在2001—2002年與1999—2000年兩個管制時期在

配股議案公告後的前後三個會計年度被出具非標意見的頻率的均值有無顯著差異。「*」、「**」和「***」分別表示在10%、5%和1%水準下顯著（雙尾檢驗）。

　　圖6-3顯示的是2001年配股管制政策前後兩個管制時期（1999—2000年和2001—2002年）通過組公司和拒絕組公司在配股申請前後三年被出具非標意見的頻率的情況。

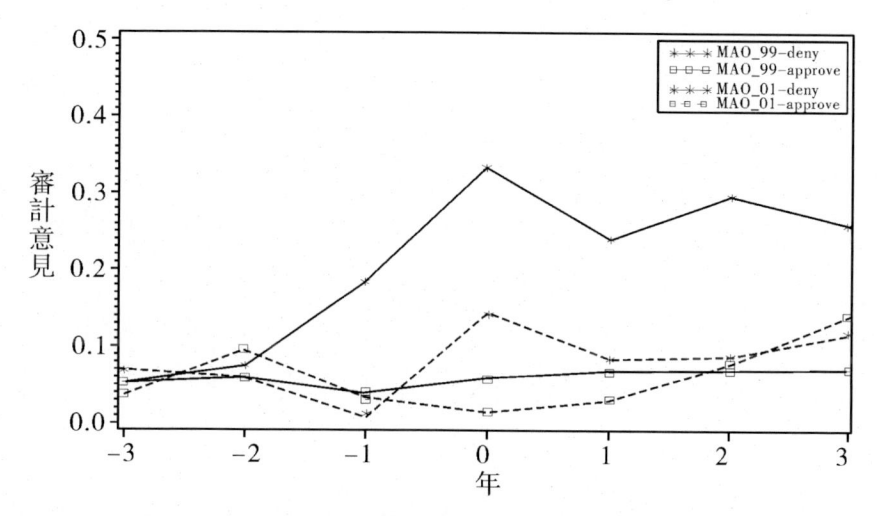

圖6-3　通過組與拒絕組公司在配股申請前後三年
被出具非標意見頻率的情況

　　從圖6-3可知，在2001年配股管制政策前（1999—2000年），通過組公司在配股申請前三年被出具非標意見的頻率要低於拒絕組公司被出具非標意見的頻率，在2001年配股管制政策後（2001—2002年），通過組公司在配股申請前三年被出具非標意見的頻率要略高於拒絕組公司被出具非標意見的頻率。並且，拒絕組公司配股申請前三年被出具非標意見的頻率在2001—2002年管制時期要低於1999—2000年管制時期被出具非標意見的頻率，而通過組公司配股申請前三年被出具非標意見的頻率在2001年配股管制政策前後兩個管制時期沒有什麼差異。

表 6-3 顯示的是通過組與拒絕組公司被出具非標意見的頻率的統計情況。在 2001 年配股管制政策前（即 1999—2000 年管制時期），通過組公司在配股申請前第一年被出具非標意見的頻率顯著低於拒絕組公司被出具非標意見的頻率，而且，通過組公司在配股申請前三年被出具非標意見的頻率總體上要顯著低於拒絕組公司被出具非標意見的頻率，但是，在 2001 年配股管制政策後（即 2001—2002 年管制時期），兩組公司在配股申請前三年被出具非標意見的頻率總體上沒有顯著差異。

表 6-3 通過組與拒絕組被出具非標意見的頻率的比較

年度		-3	-2	-1	0	1	2	3	配股前三年
1999—2000 年管制時期									
通過組	均值	0.0533	0.0607	0.0405	0.0592	0.0685	0.0685	0.0717	0.0515
拒絕組	均值	0.0500	0.0755	0.1852	0.3333	0.2407	0.2963	0.2593	0.1036
T		0.08	-0.38	-2.66***	-4.15***	-2.85***	-3.54***	-3.03***	-2.15**
2001—2002 年管制時期									
通過組	均值	0.0385	0.0984	0.0323	0.0161	0.0323	0.0806	0.1452	0.0564
拒絕組	均值	0.0690	0.0571	0.0143	0.1429	0.0857	0.0882	0.1194	0.0468
T		-0.71	0.87	0.67	-2.81***	-1.32	-0.15	0.43	0.51

註：①通過組與拒絕組公司在配股申請前後三個會計年度被出具非標意見的頻率的統計比較。

②用 T 檢驗比較通過組與拒絕組公司被出具非標意見的頻率的均值有無顯著差異。「*」、「**」和「***」分別表示在10%、5%和1%水準下顯著（雙尾檢驗）。

表 6-4 顯示的是 2001—2002 年與 1999—2000 年兩個管制時期樣本公司被出具非標意見的頻率的統計情況。拒絕組公司在 2001—2002 年管制時期的配股申請前三年被出具非標意見的頻率顯著低於在 1999—2000 年管制時期被出具非標意見的頻率，而通過組公司配股申請前三年被出具非標意見的頻率在兩個管制時期沒有顯著差異。

表 6-4　2001—2002 年與 1999—2000 年兩個管制時期
樣本公司被出具非標意見的頻率的比較

年度		-3	-2	-1	0	1	2	3	配股前三年
				通過組					
2001—2002 管制時期	均值	0.0385	0.0984	0.0323	0.0161	0.0323	0.0806	0.1452	0.0564
1999—2000 管制時期	均值	0.0533	0.0607	0.0405	0.0592	0.0685	0.0685	0.0717	0.0515
T		-0.46	0.92	-0.33	-2.07**	-1.36	0.32	1.55	0.32
				拒絕組					
2001—2002 管制時期	均值	0.0690	0.0571	0.0143	0.1429	0.0857	0.0882	0.1194	0.0468
1999—2000 管制時期	均值	0.0500	0.0755	0.1852	0.3333	0.2407	0.2963	0.2593	0.1036
T		0.39	-0.40	-3.09***	-2.47**	-2.29**	-2.90***	-1.94*	-2.13**

註：①通過組與拒絕組公司在 2001—2002 年與 1999—2000 年兩個管制時期在配股申請前後三個會計年度被出具非標意見的頻率的統計比較。

②本章用 T 檢驗比較通過組與拒絕組公司在 2001 年前後兩個管制時期在配股議案公告後的前後三個會計年度被出具非標意見的頻率的均值有沒顯著差異。「*」、「**」和「***」分別表示在 10%、5% 和 1% 水準下顯著（雙尾檢驗）。

綜上可知，從對樣本公司被出具非標意見的頻率的總體（表6-2）及橫向（表6-3）和縱向（表6-4）統計比較分析來看，2001 年的配股管制政策出抬後，配股管制的加強使得拒絕組公司存在「自選擇」的過程，這種「自選擇」過程是配股管制加強後其間接作用的體現，最終使得我們觀察到的向證監會提交配股申請被拒絕的公司在 2001 年配股管制政策出抬後被出具非標意見的頻率顯著低於 2001 年配股管制政策出抬前被出具非標意見的頻率。

6.4.2　非標意見信息在監管者身上的反應

表 6-5 顯示的是監管者審核上市公司配股資格的 Logistic 迴歸結果。在模型 1 裡，MAO 的迴歸系數 a_2 為負，但統計上不顯著，說明證監會在 2001 年配股管制政策前後兩個管制時期（1999—2000 年和 2001—2002 年）審核上市公司配股資格時總體上沒有考慮非標意見的信息。在模型 2 裡，MAO 與 1999—

2000 年配股管制時期的交乘項 MAO_99 的迴歸系數 b_2 顯著為負，表明證監會在 2001 年配股管制政策出抬前（1999—2000 年）考慮了非標意見的信息，即在 2001 年配股管制政策出抬前（1999—2000 年），配股申請公司的非標意見信息在監管者身上得到了反應；而 MAO 與 2001—2002 年配股管制時期的交乘項 MAO_01 的迴歸系數 b_3 統計上不顯著，表明證監會在 2001 年配股管制政策出抬後（2001—2002 年）沒有考慮非標意見的信息，即在 2001 年配股管制政策出抬後（2001—2002 年），配股申請公司的非標意見信息在監管者身上並沒有得到反應；並且，(b_3-b_2) 的迴歸系數也不顯著，表明證監會在 2001 年配股管制政策前後兩個管制時期（1999—2000 年和 2001—2002 年）考慮非標意見信息的程度沒有顯著差異，即，在 2001 年配股管制政策前後兩個管制時期配股申請公司的非標意見信息在監管者身上的反應沒有顯著差異。控制變量 Regl_01 在模型 1 裡的迴歸系數顯著為負，表明證監會在 2001 年配股管制政策後對上市公司配股資格審核更嚴格；ENOA 的迴歸系數在模型 1 裡顯著為負，表明證監會在審查上市公司配股資格時考慮了盈餘管理的信息，這與 Chen and Yuan（2004）的結果一致；控制變量 Size 的迴歸系數在模型 1 裡顯著為正，說明公司規模越大的公司其配股申請越容易得到證監會的批准。

表 6-5　監管者審核上市公司配股資格的 Logistic 迴歸結果

	因變量：上市公司配股申請是否被審核通過（Approve）			
	模型 1		模型 2	
	系數	Z	系數	Z
Regl_01	-2.2143	-8.41***	-2.3346	-8.23***
MAO	-0.3865	-1.07		
MAO_99			-0.6934	-1.75*

表6-5(續)

	因變量：上市公司配股申請是否被審核通過（Approve）			
	模型1		模型2	
	系數	Z	系數	Z
MAO_01			0.2530	0.43
Joint Test (b_3-b_2)			0.9464	1.32
Small	0.3694	1.20	0.3421	1.10
ENOA	-14.3528	-2.65***	-13.9496	-2.56**
Pre_ROA	1.6702	0.30	1.0132	0.18
CR	-0.1948	-1.16	-0.2074	-1.22
Lev	-1.0683	-0.73	-1.2524	-0.84
Growth	0.5384	1.56	0.5932	1.66
Size	0.3733	2.08**	0.3667	2.04**
Intercept	-5.4022	-1.47	-5.0647	-1.37
N		507		507
Pseudo R^2		0.167		0.170
Model X^2		77.25***		78.03***

註：①Approve，虛擬變量，上市公司配股申請如果被證監會審核通過其取值為1，如果被證監會拒絕則取值為0。

②Z值，經過了White異方差校正。「*」、「**」和「***」分別表示在10%、5%和1%水準下顯著。

6.4.3 非標意見信息在未來長期業績上的反應

表6-6、表6-7、表6-8分別顯示的是配股申請公司的非標意見信息在配股議案公告後第1年、第2年、第3年的市場業績上的反應的迴歸結果。

表6-6 非標意見信息在未來市場業績上的反應的迴歸結果
(配股議案公告後第1年)

	因變量：配股議案公告後第1年的持有超常月收益率（BHAR）					
	模型1			模型2		
	通過組	拒絕組	通過組－拒絕組	通過組	拒絕組	通過組－拒絕組
Regl_01	0.0607 (1.67)*	-0.0904 (-1.14)		0.0568 (1.44)	-0.0724 (-0.95)	
MAO	-0.0626 (-1.08)	0.0407 (0.32)	-0.1032 (-0.75)			
MAO_99				-0.0691 (-0.99)	0.0956 (0.46)	-0.1647 (-0.75)
MAO_01				-0.0318 (-0.56)	-0.0352 (-0.44)	0.0034 (0.03)
Joint Test ($b_3 - b_2$)				0.0373 (0.41)	-0.1308 (-0.58)	0.1681 (0.70)
Small	-0.0661 (-1.10)	0.0419 (0.53)		-0.0668	(-1.11)	0.0448 (0.56)
ENOA	2.0748 (1.50)	-1.7855 (-1.44)		2.0796 (1.50)	-1.8473 (-1.48)	
BM	0.0007 (3.56)***	0.0000 (-0.08)		0.0007 (3.56)***	0.0000 (-0.08)	
Size	-0.1748 (-5.46)***	-0.0662 (-1.15)		-0.1752 (-5.44)***	-0.0662 (-1.14)	
Intercept	3.5498 (5.49)***	1.4010 (1.19)		3.5585 (5.48)***	1.3882 (1.17)	
N	383	124		383	124	
R^2	0.083	0.048		0.083	0.051	
F	5.64***	0.97		4.83***	0.88	

註：括號裡的為T值，經過了White異方差校正。「*」、「**」和「***」分別表示在10%、5%和1%水準下顯著。

表6-7 非標意見信息在未來市場業績上的反應的迴歸結果
(配股議案公告後第2年)

	因變量：配股議案公告後第2年的持有超常月收益率（BHAR）					
	模型1			模型2		
	通過組	拒絕組	通過組－拒絕組	通過組	拒絕組	通過組－拒絕組
Regl_01	0.0363 (0.81)	-0.0928 (-1.19)		0.0187 (0.38)	-0.1180 (-1.38)	
MAO	-0.1157 (-1.93)*	-0.0001 (0.00)	-0.1156 (-0.83)			

表6-7(續)

	因變量:配股議案公告後第2年的持有超常月收益率(BHAR)					
	模型1			模型2		
	通過組	拒絕組	通過組-拒絕組	通過組	拒絕組	通過組-拒絕組
MAO_99				-0.1450 (-2.11)**	-0.0770 (-0.55)	-0.0680 (-0.44)
MAO_01				0.0226 (0.25)	0.1062 (0.48)	-0.0836 (-0.35)
Joint Test (b_3-b_2)				0.1676 (1.49)	0.1832 (0.70)	-0.0156 (-0.06)
Small	-0.0267 (-0.43)	0.0560 (0.76)		-0.0298 (-0.48)	0.0521 (0.71)	
ENOA	0.6768 (0.62)	-2.4428 (-1.73)*		0.6984 (0.63)	-2.3563 (-1.65)*	
BM	0.0006 (2.73)***	0.0004 (0.73)		0.0006 (2.75)***	0.0004 (0.73)	
Size	-0.1878 (-5.06)***	-0.0652 (-0.94)		-0.1895 (-5.07)***	-0.0652 (-0.95)	
Intercept	3.8595 (5.11)***	1.2796 0.92		3.8986 (5.12)***	1.2976 (0.94)	
N	383	124		383	124	
R^2	0.083	0.055		0.085	0.060	
F	5.66***	1.14		4.96***	1.06	

註:①括號裡的為 T 值,經過了 White 異方差校正。「*」、「**」和「***」分別表示在10%、5%和1%水準下顯著。

表6-8 非標意見信息在未來市場業績上的反應的迴歸結果
(配股議案公告後第3年)

	因變量:配股議案公告後第3年的持有超常月收益率(BHAR)					
	模型1			模型2		
	通過組	拒絕組	通過組-拒絕組	通過組	拒絕組	通過組-拒絕組
Regl_01	-0.0021 (-0.04)	-0.0634 (-0.88)		-0.0093 (-0.18)	-0.0922 (-1.17)	
MAO	-0.1071 (-1.75)*	0.0029 (0.03)	-0.1100 (-0.89)			
MAO_99				-0.1190 (-1.79)*	-0.0859 (-0.66)	-0.0331 (-0.23)
MAO_01				-0.0507 (-0.35)	0.1436 (0.81)	-0.1943 (-0.85)
Joint Test (b_3-b_2)				0.0683 (0.43)	0.2296 (1.04)	-0.1612 (-0.59)

表6-8(續)

| | 因變量：配股議案公告後第3年的持有超常月收益率（BHAR） ||||||
| | 模型1 ||| 模型2 |||
	通過組	拒絕組	通過組-拒絕組	通過組	拒絕組	通過組-拒絕組
Small	0.0302 (0.58)	0.0997 (1.47)		0.0290 (0.56)	0.0958 (1.43)	
ENOA	0.9077 (0.94)	-1.6445 (-1.35)		0.9165 (0.95)	-1.5291 (-1.21)	
BM	0.0006 (2.63)***	0.0005 (0.97)		0.0006 (2.64)***	0.0005 (0.99)	
Size	-0.1354 (-3.80)***	-0.0466 (-0.66)		-0.1361 (-3.81)***	-0.0479 (-0.69)	
Intercept	2.7015 (3.69)***	0.7573 (0.54)		2.7174 (3.70)***	0.8033 (0.58)	
N	383	121		383	121	
R^2	0.059	0.053		0.060	0.062	
F	3.95***	1.06		3.40***	1.06	

註：①拒絕組公司在配股議案公告後第3年少了3家樣本公司，是因為該組樣本中的公司藍田股份（股票代碼「600709」）和北大科技（股票代碼「600878」）此時已經退市，中匯醫藥（股票代碼「000809」）因連續三年虧損進行資產重組而暫停交易。

②括號裡的為T值，經過了White異方差校正。「 * 」、「 ** 」和「 *** 」分別表示在10%、5%和1%水準下顯著。

在模型1裡，通過組公司的MAO的迴歸系數在配股議案公告後的第2年、第3年的市場業績的迴歸系數顯著為負，表明通過組公司的非標意見信息在配股議案公告後的第2年、第3年的市場業績上得到反應，具有滯後1年反應的現象，這與Chen, Su and Zhao（2000）的發現一致；而拒絕組公司的MAO的迴歸系數在配股議案公告後的第1年、第2年、第3年的市場業績的迴歸系數統計上都不顯著，表明拒絕組公司的非標意見信息在配股議案公告後的第1年、第2年、第3年的市場業績上都沒有得到反應；並且，通過組公司的MAO和拒絕組公司的MAO在市場業績反應的差異的迴歸系數也不顯著，表明非標意見信息在通過組和拒絕組兩組公司之間的市場業績反應沒有顯著差異。

在模型 2 裡，通過組公司的 MAO 與 1999—2000 年配股管制時期的交乘項 MAO_99 的迴歸系數 b_2，在配股議案公告後的第 2 年、第 3 年的市場業績的迴歸系數顯著為負，表明 1999—2000 年配股管制時期通過組公司的非標意見信息在配股議案公告後的第 2 年、第 3 年的市場業績上得到反應，而通過組公司的 MAO 與 2001—2002 年配股管制時期的交乘項 MAO_01 的迴歸系數 b_3，在配股議案公告後的第 1 年、第 2 年、第 3 年的市場業績的迴歸系數統計上都不顯著，表明 2001—2002 年配股管制時期通過組公司的非標意見信息在配股議案公告後的第 1 年、第 2 年、第 3 年的市場業績上都沒有得到反應；同時，1999—2000 年和 2001—2002 年兩個管制時期的拒絕組公司的 MAO 在配股議案公告後的第 1 年、第 2 年、第 3 年的市場業績的迴歸系數統計上都不顯著，表明 1999—2000 年和 2001—2002 年兩個管制時期的拒絕組公司的非標意見信息在配股議案公告後的第 1 年、第 2 年、第 3 年的市場業績上都沒有得到反應；並且，1999—2000 年和 2001—2002 年兩個管制時期通過組和拒絕組公司各自的 MAO 在配股議案公告後的第 1 年、第 2 年、第 3 年的市場業績上的反應差異的迴歸系數統計上都不顯著，表明通過組和拒絕組公司的非標意見信息在長期市場業績反應的差異在 1999—2000 年和 2001—2002 年兩個管制時期都沒有顯著差異；另外，1999—2000 年和 2001—2002 年兩個管制時期的通過組公司的非標意見信息在長期市場業績上的反應沒有顯著差異，同樣，1999—2000 年和 2001—2002 年兩個管制時期的拒絕組公司的非標意見信息在長期市場業績上的反應也沒有顯著差異，並且，1999—2000 年和 2001—2002 年兩個管制時期的通過組公司的非標意見信息在長期市場業績上的反應的差異程度與 1999—2000 年和 2001—2002 年兩個管制時期的拒絕組公司的非標意見信息在長期市場業績上的反應的差異程度沒有顯著差異。

在模型 1 的通過組的迴歸結果裡,控制變量 Regl_01 在配股議案公告後第 1 年的迴歸系數顯著為正,表明在 2001—2002 年配股管制時期配股申請被證監會審核通過的上市公司在配股議案公告後第 1 年長期市場業績顯著好於在 1999—2000 年配股管制時期配股申請被證監會審核通過的上市公司在配股議案公告後第 1 年的長期市場業績。拒絕組的控制變量 ENOA 在配股議案公告後第 2 年的迴歸系數顯著為負,表明盈餘管理使得拒絕組公司的市場業績在配股議案公告後第 2 年顯著下滑。控制變量 BM 的迴歸系數在配股議案公告後的第 1 年、第 2 年、第 3 年的迴歸系數都顯著為正,表明市場的反應是積極的。控制變量 Size 的迴歸系數在配股議案公告後的第 1 年、第 2 年、第 3 年都顯著為負,表明規模小的公司成長性高,風險也高,在中國被市場炒作的可能性更大。

表 6-9 顯示的是配股申請公司非標意見信息在未來長期會計業績上的反應的迴歸結果。

表 6-9 非標意見信息在未來會計業績上的反應的迴歸結果
(配股議案公告後三個會計年度)

	因變量:配股議案公告後三個會計年度的 ROAind 平均數					
	模型 1			模型 2		
	通過組	拒絕組	通過組-拒絕組	通過組	拒絕組	通過組-拒絕組
Regl_01	0.0052 (0.80)	0.0303 (2.25) **		0.0071 (1.04)	0.0283 (2.16) **	
MAO	-0.0026 (-0.36)	-0.0118 (-0.50)	0.0092 (0.37)			
MAO_99				0.0006 (0.07)	-0.0177 (-0.70)	0.0183 (0.68)
MAO_01				-0.0175 (-1.36)	-0.0034 (-0.08)	-0.0140 (-0.31)
Joint Test (b_3-b_2)				-0.0180 (-1.17)	0.014 (0.28)	-0.0323 (-0.61)
Small	0.0014 (0.23)	-0.0006 (-0.04)		0.0018 (0.28)	-0.0008 (-0.06)	
ENOA	-0.2305 (-1.74) *	-0.2828 (-1.86) *		-0.2318 (-1.77) *	-0.2758 (-1.82) *	

表6-9(續)

	因變量：配股議案公後三個會計年度的 ROAind 平均數					
	模型1			模型2		
	通過組	拒絕組	通過組－拒絕組	通過組	拒絕組	通過組－拒絕組
Growth	0.0108 (2.25)**	0.0062 (0.43)		0.0105 (2.19)**	0.0070 (0.48)	
Size	0.0044 (1.36)	-0.0098 (-1.14)		0.0046 (1.39)	-0.0099 (-1.15)	
Intercept	-0.0981 (-1.43)	0.1625 (0.91)		-0.1014 (-1.47)	0.1638 (0.92)	
N	383	124		383	124	
R^2	0.029	0.078		0.031	0.079	
F	1.86*	1.65		1.71*	1.43	

註：①對配股議案公告後三個會計年度的經行業調整的總資產營業利潤率的平均數進行迴歸分析。

②括號裡的為 T 值，經過了 White 異方差校正。「*」、「**」和「***」分別表示在10%、5%和1%水準下顯著。

在模型1裡，通過組和拒絕組的 MAO 的迴歸系數都為負，但在統計上都不顯著，說明通過組和拒絕組非標意見信息在其未來長期會計業績上都沒有得到反應，並且，通過組公司的 MAO 和拒絕組公司的 MAO 在未來長期會計業績上的反應的差異的迴歸系數也不顯著，表明非標意見信息在通過組和拒絕組兩組公司之間的未來長期會計業績上的反應沒有顯著差異。同樣，在模型2裡，不管是通過組公司的 MAO 還是拒絕組公司的 MAO 與1999—2000年和2001—2002年這兩個配股管制時期的交乘項 MAO_99、MAO_01 的迴歸系數都在統計上不顯著，表明1999—2000年和2001—2002年這兩個配股管制時期的通過組公司和拒絕組公司的非標意見信息在其未來長期會計業績上都沒有得到反應；並且，1999—2000年和2001—2002年兩個管制時期的通過組公司的非標意見信息在未來長期會計業績上的反應沒有顯著差異，同樣，1999—2000年和2001—2002年兩個配股管制時期的拒絕組公司的非標意見信息在未來長期會計業績上

的反應也沒有顯著差異,而且,1999—2000年和2001—2002年兩個配股管制時期的通過組公司的非標意見信息在未來長期會計業績上的反應的差異程度與1999—2000年和2001—2002年兩個配股管制時期的拒絕組公司的非標意見信息在未來長期會計業績上的反應的差異程度沒有顯著差異。

　　通過以上對配股申請公司的非標意見信息在監管者身上和未來長期業績上的反應的迴歸結果可知:①證監會在2001年配股管制政策出抬前(1999—2000年)考慮了配股申請公司的非標意見信息,即在2001年配股管制政策出抬前配股申請公司的非標意見信息在監管者身上得到了反應,而證監會在2001年配股管制政策出抬後(2001—2002年)沒有考慮配股申請公司的非標意見信息,即在2001年配股管制政策出抬後配股申請公司的非標意見信息在監管者身上並沒有得到反應,並且,證監會在2001年配股管制政策出抬前後兩個管制時期(1999—2000年和2001—2002年)考慮配股申請公司的非標意見信息的程度沒有顯著差異,即,在2001年配股管制政策前後兩個管制時期配股申請公司的非標意見信息在監管者身上的反應沒有顯著差異。②在2001年配股管制政策出抬前(1999—2000年),配股申請被證監會審核通過的公司,其非標意見的信息在未來長期市場業績上得到反應,但在未來長期會計業績上沒有得到反應,而在2001年配股管制政策出抬後(2001—2002年),配股申請得到證監會審核通過的公司,其非標意見的信息不管在未來長期市場業績上還是在未來長期會計業績上都沒有得到反應,但是兩個管制時期其非標意見在未來長期市場業績和會計業績上的反應的差異都不顯著。並且,在2001年配股管制政策出抬前後兩個管制時期(1999—2000年和2001—2002年)配股申請被證監會審核拒絕的公司,其非標意見的信息在未來長期市場業績和會計業績上都沒有得到反應,同時,兩個管制時期其非標意

見在未來長期市場業績和會計業績上的反應的差異都不顯著。同時，通過組和拒絕組公司非標意見信息在兩個不同管制時期的未來長期市場業績和會計業績上的反應及其差異都不顯著。

因此，本章的假設 H1b 和 H2b 得到支持。

6.4.4　敏感性測試

為了考察結果的穩健性，我們對表6-6至表6-9的結果做了敏感性測試。其一，我們採用累計超常月收益率（Cumulative Monthly Abnormal Returns，CAR）對長期市場業績重新進行迴歸分析。其二，我們用淨資產營業收益率和總資產淨利潤率分別重新進行迴歸分析。以上敏感性測試均顯示，表6-6至表6-9的主要研究結論不變。

6.5　本章小結

本章研究了一個新興加轉軌經濟體中配股管制加強對非標意見信息含量的影響的問題。在一個法律環境不完善、管制盛行的轉型經濟國家，通過政府推動的審計制度安排能否使審計報告具有價值相關性和信息含量，是一個值得思考的問題。本章結合中國特殊的制度背景，研究中國配股管制從對會計盈利監管的不對稱到開始加強對審計意見的監管這一制度變遷過程對上市公司配股融資行為和非標意見信息含量的影響。

我們選取2001年配股管制政策出抬前後兩個不同配股管制時期（1999—2000年和2001—2002年）向證監會提交配股申請的公司進行分析並發現，中國上市公司在2001年配股管制加強後存在「自選擇」過程，特別是配股申請被證監會拒絕的公司

（簡稱拒絕組），其在配股申請前三年的被出具非標意見的頻率顯著低於2001年配股管制加強前的被出具非標意見的頻率；同時，2001年配股管制的加強扭曲和削減了配股申請被證監會審核通過的公司（簡稱通過組）的非標意見信息含量。在2001年的配股管制加強前，通過組的非標意見信息在監管者身上和未來長期市場業績上得到反應，而在2001年的配股管制加強後卻得不到反應，說明2001年配股管制的加強使得通過組公司的非標意見在2001年配股管制加強後不再具有信息含量，其決策有用性在監管者身上和未來長期市場業績上不再得到反應。

　　本章給我們的啟示是：配股管制的加強會提高中國證券市場資源配置的有效性，同時會擠占審計意見應有的信息含量和價值功能，說明完善配股管制功能並協調好市場仲介組織機構（如會計師事務所）的功能以推動中國證券市場的發展，成為中國經濟健康和諧發展的保證。

第七章
大型會計師事務所的
經濟人行為與審計質量

本章檢驗大型會計師事務所的經濟人行為特質及其表現出來的審計質量。實證研究發現，大型會計師事務所對不同盈餘管理程度的上市公司採取不同的審計質量進行審計，表現出「相機抉擇」的理性經濟人行為特質，從而說明大型會計師事務所的審計質量並不是一貫都高。

7.1 引言

一系列的審計失敗事件[1]，引發廣大投資者對會計師事務所審計質量的質疑。審計質量是財務報告信息質量的保證。[2] 高質量的審計能有效地約束代理人的機會主義行為，減少公司的代理成本，提高公司的價值（Jensen and Meckling, 1976；Watts and Zimmerman, 1983）[3]。中國會計師事務所行業競爭激烈，市場和法律機制不健全，政府監管不對稱（重事前監管，輕事後監督），審計的法律風險低。在中國這樣的特殊制度背景下，中國會計師事務所的審計質量怎麼樣呢？特別是大型會計師事務所（簡稱大所[4]）的審計質量一貫都高嗎？是否會對不同的客戶公司表現出不同審計質量的理性經濟人行為？

---

　　[1] 如銀廣夏、紅光實業、錦州港事件及最近的外高橋和航天機電事件，國外的如安然事件和世通公司事件等。

　　[2] DeAngelo（1981）認為，審計質量是審計師發現和批露財務報告系統中錯誤的聯合概率。

　　[3] Jensen and Meckling（1976）認為，通過一系列的（監督控制）契約安排可以減少公司代理人的機會主義行為，提高公司價值，這些契約安排包括審計、正式的控制系統、預算約束和薪酬激勵系統等。Watts and Zimmerman（1983）認為，審計這種監督控制的契約安排，內生於公司組織，屬於公司組織一系列契約安排中的一種，審計伴隨公司組織中的代理成本而存在。

　　[4] 本章的「大所」包括國際大所和國內大所，國內大所指上海立信長江會計師事務所、天健會計師事務所有限公司等國內十大會計師事務所。

本章的研究目的是檢驗會計師事務所的審計質量對盈餘管理①的影響，主要檢驗大所的審計質量對不同盈餘管理的公司是否表現出一致的抑制行為，以此來支持大所是否具有「相機抉擇」的理性經濟人行為的觀點。事務所對公司盈餘管理的抑制能力和程度取決於事務所的審計質量。高質量的審計更能有效地抑制公司的盈餘管理行為。DeAngelo（1981）認為，由於審計質量的不可觀察性和昂貴的評估成本以及事務所「準租」的存在，事務所規模是審計質量一個合理的替代變量，並且規模大的事務所意味著審計質量高。但是，Antle（1982）指出，會計師事務所是一個理性的經濟代理人，體現公司所有者和經理人這層代理關係中的又一層代理關係，會計師事務所有自己的動機，按照價值最大化原則進行決策和行動。因此，如果公司的盈餘管理水準高，並且事務所規模大、獨立性強，事務所具備提供高審計質量的條件，那麼事務所會出於自身價值最大化的動機對高盈餘管理的公司提供高質量的審計。由此，我們有理由認為，面對不同盈餘管理水準的客戶公司，大所可能會表現出不同審計質量的一種理性經濟人行為。

　　中國對配股監管不對稱，重事前監管，輕事後監督，使得上市公司盈餘管理猖獗。也有文獻研究表明，中國上市公司為了達到證監會的配股「資格線」，紛紛進行盈餘管理來調高利潤（Chen and Yuan, 2004；陳小悅等，2000；張祥建和徐晉，2005）。由此，我們選取中國證券市場上進行配股的公司（簡稱「配股公司」）和沒有進行配股的公司（簡稱「非配股公司」）

---

① Schipper（1989）對盈餘管理（Earnings Management）下的定義是：為了私人利益對財務報告過程進行有意干澀的一種「披露管理」（Disclosure Management）。這與財務報告的中立性原則相反。Healy and Wahlen（1999）則從準則制訂者的角度對盈餘管理進行定義：經理人為了誤導投資者對公司真實業績的理解或影響那些以財務報告數字為基礎的契約結果，通過在財務報告過程及構建交易事項（Structuring Transactions）中的個人判斷和會計政策的選擇來改變財務報告的行為。

進行對比分析，檢驗規模大的會計師事務所對這兩組公司表現出來的審計質量。我們發現：配股公司的盈餘管理水準顯著高於非配股公司的盈餘管理水準；大所對配股公司盈餘管理的抑制要顯著高於其對非配股公司盈餘管理的抑制，但是，大所只對配股公司的盈餘管理進行顯著的抑制，而對非配股公司的盈餘管理沒有表現出顯著的抑制水準；並且，大所對所有樣本公司（即配股公司和非配股公司）總體上並沒有表現出比其他事務所顯著高的審計質量。這說明，大所具有「相機抉擇」的理性經濟人行為，對不同盈餘管理的公司採取不同的審計質量進行審計，大所的審計質量並不是一貫的高。

　　本章的貢獻主要有：①實證研究顯示，大所對不同盈餘管理水準的公司表現出不同的審計質量，大所的審計質量並不是一貫的高，這與 Antle（1982）把會計師事務所當成經濟代理人的觀點相同，這由此豐富了對審計質量的研究；②針對中國特殊的制度背景，我們發現大所在整體上沒有表現出比其他事務所更高的審計質量，只是對高盈餘管理的客戶公司表現出高質量的審計；③結合中國上市公司特殊的「配股」現象，研究會計師事務所的審計質量對盈餘管理的影響，並以操縱性應計直接衡量盈餘管理的程度。

7.2　制度背景、文獻回顧和研究假設

　　本部分對中國的制度背景進行介紹，並對相關文獻進行回顧，最後在此基礎上，並根據已有的理論提出本章的假設。大體上，中國特殊的制度背景影響中國事務所提供的審計質量，而中國對配股監管的不對稱（重事前監管，輕事後監督）使得

上市公司盈餘管理猖獗，同時，審計質量對盈餘管理的影響是審計供求雙方各自利益決定的，本章主要從會計師事務所自身價值最大化的角度來分析大所的審計質量。

7.2.1 制度背景

中國是一個新興的資本市場，政府的推動對資本市場的發展有著重要的作用。隨著中國資本市場的快速發展，政府意識到建立一個誠信的獨立審計市場的重要性。為了提高審計師[①]的獨立性，中國政府進行了多次改革：在1995年底和1996年底根據國際審計準則分別頒布了中國第一批和第二批《獨立審計準則》；1997年，財政部和證監會要求會計師事務所進行脫鉤改制，脫離原來掛靠的行政單位，1998年這一舉措基本完成；2000年，要求小會計師事務所進行合併，提高會計師事務所的競爭能力和獨立性；2006年，財政部為了與國際審計準則趨同頒布了新的《審計準則》。

儘管會計師事務所的審計質量在政府的推動下有所提高，但是仍然較低（DeFond, Wong and Li, 2000）；即使是國際大所，在中國的審計質量也受到質疑（劉峰和周福源，2007）。這一方面主要由於中國審計市場仍然表現出分散、分割和低集中度的特徵，事務所的規模普遍不大[②]，過度競爭損害了事務所的審計質量（韓洪靈，2006；夏冬林和林震昃，2003）；另一方面，中國保護投資者的法制力度比較弱，事務所的法律風險低，事務所沒有壓力和動力去提高審計質量。

與國外不同，中國上市公司的配股融資受政府嚴格審批和

[①] 本章的「審計師」和「會計師事務所」的概念一致，在後文將交互使用。
[②] 以客戶家數計算，截至2004年底，國際四大所在中國的市場份額為10%，國內大所前四名的市場份額接近10%，這和美國高度集中的審計市場不同（其國際四大所的市場份額達到90%以上）。

監管，配股資格成了一種稀缺資源。上市公司的會計業績是監管部門的主要考核目標①。為了取得配股資格，上市公司通過盈餘管理營造業績以滿足監管部門的審批條件。即使盈餘管理使得財務報表有失公允和真實，上市公司也不顧被審計師出具非標意見的風險去迎合監管部門以爭取配股資格，因為在中國這種注重會計業績考核而輕法律懲戒的不對稱監管環境下，上市公司進行配股融資的收益遠遠大於審計師意見帶來的成本。因此，進行配股融資的公司，特別是處於邊際「ROE」② 的配股公司，盈餘管理異常普遍，被審計師出具非標意見的非常多 (Chen, Chen and Su, 2001；夏立軍，2003)。

鑒於以上對中國制度背景的分析，我們將結合中國上市公司特殊的「配股」現象，研究會計師事務所的審計質量對盈餘管理的影響。

7.2.2 文獻回顧

第一個用事務所規模代表審計質量來檢驗對盈餘管理的影響的是 Becker et al. (1998)。基於 DeAngelo (1981) 的觀點，他們假定六大③具有高質量的審計，因為六大在美國的市場份額很高，是美國最大的會計師事務所，六大為了保護聲譽避免審計失敗帶來的巨大損失會保持高質量的審計。基於美國市場 1989—1992 年的數據，並使用操縱性應計代替盈餘管理指標，他們研究發現，六大審計的上市公司的操縱性應計要低於非六

---

① 如 1996 年 1 月 24 日要求公司最近 3 年內淨資產稅後利潤率每年都在 10% 以上；1999 年 3 月 17 日要求最近 3 個完整會計年度的淨資產收益率平均在 10% 以上，其中任何一年都不得低於 6%；2001 年 3 月 15 日，要求公司最近 3 個會計年度加權平均淨資產收益率平均不低於 6%，扣除非經常性損益後的淨利潤與扣除前的淨利潤相比，以低者作為加權平均淨資產收益率的計算依據。

② 邊際「ROE」，指公司的 ROE 超過監管部門規定的目標值。

③ 這裡的六大及後文的五大、四大，都是指國際大所。

大審計的上市公司，並且六大主要傾向於對正向操縱性應計的抑制。這表明六大更能抑制公司的盈餘管理，研究結果支持了他們的假設。他們的解釋為，由於公司經理人更願意通過正向的盈餘管理來調高利潤，並且正向盈餘管理容易使審計師受到起訴，所以正向的盈餘管理對事務所來說風險更大。

隨後，Francis et al.（1999）利用美國市場1975—1994年的數據進行了類似的研究。他們把操縱性應計分為無方向操縱性應計（Unsigned discretionary accruals）和有方向操縱性應計（Signed discretionary accruals）。他們研究發現，六大對無方向和有方向操縱性應計都有顯著的抑製作用。他們又把美國的事務所按客戶的地域範圍分為三個層次，客戶在全球範圍的六大會計師事務所為第一層次，後面兩個層次分別為國家所和地方所。研究發現，六大對盈餘管理的抑制要強於其他兩個層次的事務所，而國家所又要強於地方所。研究結果表明，六大的審計質量高，能顯著抑制公司在財務報告中的盈餘管理行為。

Nelson et al.（2002）在前人研究的基礎上考慮了盈餘管理的動機和審計師的行為。他們對253個來自五大事務所的合夥人或經理人進行調查研究，發現公司經理人傾向於根據會計準則的精確程度來決定是否構建交易事項進行盈餘管理，而這些盈餘管理的動機是很少被審計師調整的，同時，經理人有強烈的動機通過盈餘管理來調高當期利潤，但這些動機容易被審計師調整，並且審計師更可能對那些存在重大差錯的而且（或者）是小客戶的盈餘管理動機進行調整。研究表明，審計師對不同的盈餘管理動機有不同的表現行為。

Kim et al.（2003）認為外部審計師的監管作用受盈餘管理動機的影響，外部審計師和公司經理人雙方在對財務報告內容

的態度和動機上是否一致，是決定審計質量①的重要因素。基於1983—1998年美國市場的上市公司，他們研究發現，當公司經理人偏向於提高利潤的應計選擇時，六大的審計質量比非六大的高。令他們感到吃驚的是，當公司經理人偏向於減少利潤的應計選擇時，六大的審計質量比非六大的低。他們將此解釋為：審計失敗會讓六大的聲譽損失很大，六大的潛在訴訟成本比非六大的高，因此六大在審計公司報表時會變得更加穩健和保守。由於調高利潤容易受到起訴，所以，六大在調高利潤的盈餘管理上會與公司經理人發生衝突，六大更有動機去限制經理人的行為；相反，在調低利潤的盈餘管理上，六大對經理人行為的約束力減弱，因為這和六大的穩健性原則一致。

公司進行盈餘管理的動機之一是為了向證券市場進行再融資。對於審計師是否抑制公司再融資過程中的盈餘管理進而提高資源的配置效率，Zhou and Elder（2004）對在1991—1999年美國市場增發過新股的公司的研究回答了這個問題。他們發現，五大對公司增發新股前後的盈餘管理進行了顯著的抑制。

中國關於事務所的審計質量對公司盈餘管理的影響的實證研究比較缺乏，並且研究結論不一致。蔡春等（2005）以中國2002年製造業的上市公司為樣本研究發現，前十大會計師事務所審計的上市公司可操縱性應計顯著低於非前十大的會計師事務所。李仙和聶麗潔（2006）以中國2000—2003年進行首次公開募股的公司為樣本發現了與前者相似的結論。吳水澎和李奇鳳（2006）以中國2003年的上市公司為樣本研究發現，在抑制操縱性應計上，國際四大的審計質量高於國內十大，而後者的審計質量要高於國內非十大的審計質量。王豔豔和陳漢文（2006）以中國2001—2004年的上市公司為樣本研究發現，只

---

① 原文是「審計效力」（audit effectiveness），本章等同於審計質量。

有國際四大在操縱性應計的抑制上表現出高審計質量，而國內所沒有表現出顯著差異。劉峰和周福源（2007）以 2002—2003 年中國 A 股公司為樣本進行研究，發現在操縱性應計的抑制上，國際四大與非國際四大的審計質量並不存在顯著的差異。

7.2.3　研究假設

國外的實證研究表明，不管是六大還是後來的五大，國際大所對盈餘管理的抑製表現出高質量的審計。而中國的實證研究表明，不管是國際大所還是國內大所，對盈餘管理的抑製表現出來的審計質量的結論是不一致的。一方面，這和中國特殊的制度背景有關；另一方面，可能與樣本選取的時間較短有關。本章將結合中國上市公司特殊的「配股」現象，研究會計師事務所的審計質量對盈餘管理的影響，並主要檢驗大所的審計質量對不同盈餘管理的公司是否表現出一致的抑制行為。

為了得到較好的配股價格和更大的配股收益以及配股的順利實施，上市公司會通過正向的盈餘管理來調高利潤，加上中國特殊的配股政策，上市公司需要達到一定的會計業績才能取得配股資格；同時，中國對上市公司配股的事後監督弱，這種監管的不對稱使得中國上市公司為了配股會有更強烈的動機去進行盈餘管理。這樣會導致進行配股的公司的盈餘管理總體上要比其他公司高，具體表現在盈餘管理原始值、正向盈餘管理、無方向盈餘管理上，配股公司的盈餘管理程度總體上要比其他公司高。

面對高盈餘管理的配股公司和低盈餘管理的非配股公司，會計師事務所特別是規模大的會計師事務所會表現出什麼樣的

行為呢?① DeAngelo（1981）認為，由於「準租」的存在，大所的審計質量高，大所對所有公司的盈餘管理的抑制程度要比其他事務所強。但是 Antle（1982）認為，審計師是公司組織契約中的一個經濟代理人②，審計師的動機是內生於這份契約中的，審計師按最大化效用的原則來決策和行動，審計師和公司所有者、經理人構成了一個雙代理人的代理模型。既然動機影響行為，那麼作為一個理性的經濟人，審計師會對不同盈餘管理的公司採取不同的行為。既然公司的配股動機使得公司的盈餘管理提高，從而增加了公司財務報告的固有風險，那麼，大所對配股公司和非配股公司這兩組公司的審計質量會有所不同。並且，公司配股會受到市場投資者和監管當局的關注，大所對配股公司的審計會變得比較謹慎。我們由此提出假設 H1。

H1：大所對配股公司盈餘管理的抑制要顯著高於其對非配股公司盈餘管理的抑制。

我們同時也檢驗大所在中國證券市場上總體表現出來的審計質量。根據 DeAngelo（1981）的觀點，大所的審計質量要比小所的審計質量高。由此，得到假設 H2。

H2：大所對中國上市公司的盈餘管理的抑制程度總體上要比小所高。

---

① 為了提高中國會計師事務所的審計質量，財政部和中國註冊會計師協會分別在 2000 年、2007 年出抬了《會計師事務所擴大規模若干問題的指導意見》和《關於推動會計師事務所做大做強的意見》。

② Jensen and Meckling（1976）和 Watts and Zimmerman（1983）認為，審計是公司為了減少代理成本的一種契約安排。

7.3 研究設計

7.3.1 樣本選取和數據來源

我們選取1998—2001年首次配股的公司作為配股樣本。為了觀察配股公司和非配股公司的盈餘管理情況,本章選取配股前3年到配股後5年作為時間窗口,這樣本章總的時間窗口為1995—2006年。我們要求本章的研究樣本滿足以下條件:①不是金融類公司;②非配股公司在配股前3年到配股後5年沒有進行配股、增發新股或發行可轉債。本章的數據來自CSMAR和WIND數據庫。

表7-1顯示的是最後樣本的基本情況。我們把總樣本分為配股公司和非配股公司,再按事務所類別分為國際大所、國內十大和小事務所審計的公司。可以看出,國際大所、國內十大在配股公司中的比例要低於在非配股公司中的比例,並且,國際大所、國內十大在所有樣本中的比例明顯低於小所的比例,說明上市公司對大所的需求不高,特別是在配股的公司中,這與DeFond et al.(2000)的發現相似。

表7-1 研究樣本(配股公司和非配股公司)的分佈情況

年度	總樣本 配股	總樣本 非配股	總樣本 合計	配股 國際大所	配股 國內十大	配股 小所	非配股 國際大所	非配股 國內十大	非配股 小所
1995	6	104	110	0	4	2	14	45	45
1996	100	176	276	0	22	78	15	63	98
1997	258	238	496	3	46	209	21	79	138
1998	332	327	659	3	51	278	20	100	207

表7-1(續)

年度	總樣本 配股	總樣本 非配股	總樣本 合計	配股 國際大所	配股 國內十大	配股 小所	非配股 國際大所	非配股 國內十大	非配股 小所
1999	343	397	740	3	71	269	19	119	259
2000	344	520	864	5	86	253	23	163	334
2001	344	594	938	10	75	259	36	170	388
2002	342	658	1,000	19	78	245	59	168	431
2003	341	718	1,059	18	84	239	58	189	471
2004	227	786	1,013	9	62	156	52	216	518
2005	135	789	924	5	39	91	51	214	524
2006	33	836	869	2	10	21	49	234	553
合計	2,805	6,143	8,948	77	628	2,100	417	1,760	3,966

註：①本章的配股事件日為配股公告日；配股公司包括其配股前3年至配股後5年的觀察值。

②國際大所在1998年前為六大，1998年後為五大，2002年後為四大；國內十大以客戶資產規模計算。

7.3.2 盈餘管理的衡量

DeChow et al.（1995）認為，非操縱性應計會隨著經營環境的變化而變化，修正後的Jones模型在衡量經營環境變動情形下的操縱性應計的效果比較好。DeFond and Subramanyan（1998）發現經行業橫截面修正的Jones模型比時間序列修正後的Jones模型效果要好。由於中國上市公司的上市時間普遍不長，因此，本章將採用經行業橫截面修正的Jones模型來估計操縱性應計，並用以衡量盈餘管理的指標。

$$\frac{TA_{i,t}}{A_{i,t-1}} = a_0 \left(\frac{1}{A_{i,t-1}}\right) + a_1 \left(\frac{\Delta REV_{i,t}}{A_{i,t-1}}\right) + a_2 \left(\frac{PPE_{i,t}}{A_{i,t-1}}\right) + \varepsilon_{i,t} \quad (1)$$

$TA_{i,t}$是公司i第t年的總應計利潤，為經營利潤減去經營活

動現金流①之差；$\Delta \text{REV}_{i,t}$ 為公司 i 第 t 年的主營業務收入的變化額；$\text{PPE}_{i,t}$ 是公司 i 第 t 年年末的固定資產原價；$A_{i,t-1}$ 是公司 i 在第 $t-1$ 年末的總資產。

用（1）式分年度分行業迴歸得到的系數 a_0、a_1、a_2 代入（2）式計算每個公司的非操縱性應計②。

$$\text{NDA}_{i,t} = a_0 \left(\frac{1}{A_{i,t-1}} \right) + a_1 \left(\frac{\Delta \text{REV}_{i,t} - \Delta \text{REC}_{i,t}}{A_{i,t-1}} \right) + a_2 \left(\frac{\text{PPE}_{i,t}}{A_{i,t-1}} \right) \tag{2}$$

$\text{NDA}_{i,t}$ 是公司 i 第 t 年經過 $t-1$ 年總資產標準化的非操縱性應計。操縱性應計是總應計減去非操縱性應計之差。$\Delta \text{REC}_{i,t}$ 是公司 i 第 t 年的應收帳款的變化額。

$$\text{DA}_{i,t} = \frac{\text{TA}_{i,t}}{A_{i,t-1}} - \text{NDA}_{i,t} \tag{3}$$

7.3.3 研究方法

為了觀察配股公司（Issuer）和非配股公司（Non-issuer）配股前後盈餘管理的情況，並對 H1 進行檢驗，本章採用以下研究方法：首先，將配股當年定位基年（0 年），配股前第一年、第二年、第三年分別定為 -1、-2、-3 年，配股後第一年、二年、第三年、第四年、第五年分別定為 1、2、3、4、5 年。

---

① 1998 年開始中國才有現金流量表，而 1998 年以前的經營活動現金流量用間接法計算，計算公式為：經營活動現金流量 = 淨利潤 + 固定資產折舊額 + 無形資產、遞延資產及其他資產攤銷額 + 固定資產淨盤虧額 + 清理固定資產淨損失 + 遞延稅款貸項 + 財務費用 - 投資收益 - （流動資產增加額 - 貨幣資金增加額 - 短期投資增加額 - 一年內到期的長期債券投資增加額）+（流動負債增加額 - 短期借款增加額 - 未付股利增加額 - 一年內到期的長期負債增加額）。

② 參照 Teoh et al.（1998）的做法，用於（1）式迴歸的樣本是剔除了當年進行配股、增發新股或發行可轉債公司後剩餘的所有公司；行業分類標準參照中國證監會 2001 年編製的《上市公司行業分類指引》；如果某年某行業用於估計的公司數少於 10 個，則將此行業的公司合併到其相關的行業。

然後，比較配股公司和非配股公司的操縱性應計有無顯著差異，以考查配股公司的盈餘管理是否總體上顯著高於非配股公司的盈餘管理。由於上市公司為了配股通常以正向操縱性應計來調高利潤，因此，我們進一步比較配股公司和非配股公司在正向操縱性應計上有無顯著差異來檢驗本章的假設。

為了對本章假設進行檢驗，我們構建兩個多元迴歸模型。

模型 I：DA = $b_0 + b_1 BIG + b_4 OCF + b_5 ABSTA + b_6 LOSS + b_7 INCCHG + b_8 LEV + b_9 MB + b_{10} SIZE + b_{11} IndustryDummies + b_{12} YearDummies + \varepsilon$

模型 II：DA = $b_0 + b_1 BIG + b_2 RI + b_3 BIG * RI + b_4 OCF + b_5 ABSTA + b_6 LOSS + b_7 INCCHG + b_8 LEV + b_9 MB + b_{10} SIZE + b_{11} IndustryDummies + b_{12} YearDummies + \varepsilon$

因變量：DA 是正向操縱性應計。由於上市公司為了配股通常以正向操縱性應計來調高利潤，並且正向操縱性應計的風險大，審計師比較關注公司的正向操縱性應計。我們檢驗大所的審計質量對公司配股當年的正向操縱性應計有沒有顯著影響，並檢驗大所的審計質量對整個時間窗口正向操縱性應計的影響。我們之所以沒有採用操縱性應計的原始值來作為被解釋變量，是因為事務所的審計質量對正向操縱性應計和負向操縱性應計影響的方向不一樣，會混淆迴歸的結果（Myers et al.，2003）。我們以無方向操縱性應計（Unsigned discretionary accruals，即操縱性應計的絕對值）進行輔助性檢驗，因為無方向操縱性應計常用來衡量公司的盈餘管理，但是無方向操縱性應計會高估公司盈餘管理，會導致我們的模型估計發生偏差（Hribar and Nichols，2007）。

測試變量：BIG，表示公司是否為大所，虛擬變量，如果是國際大所或國內十大，取值為1，否則為0。國際大所在1998年前為六大，1998年後因普華和永道兩家事務所的合併變為五大，

2002年後因安達信事務所的倒閉變為四大。國內十大，是取市場份額前十大的事務所，事務所的市場份額以客戶總資產計算。根據假設 H2，BIG 與 DA 顯著負相關，在模型（Ⅰ）中 BIG 的迴歸系數 b_1 應顯著為負。RI，表示公司是否配股，虛擬變量，如果公司配股，取值為1，否則為0。在模型（Ⅱ）中，BIG 的迴歸系數 b_1 則表示大所對非配股公司盈餘管理的抑制程度；BIG * RI，是 BIG 和 RI 的交乘項，其迴歸系數 b_3 表示大所對配股公司盈餘管理的抑制與其對非配股公司盈餘管理的抑制的差異程度；參照 Carcello and Neal（2003）的方法[1]，我們用（b_1+b_3）表示大所對配股公司盈餘管理的抑制程度，根據假設 H1，b_3 和（b_1+b_3）顯著為負。

　　控制變量：OCF，經營活動淨現金流，用上年末的總資產調整。公司的經營活動淨現金流越高，表示公司的業績可能越好，並且公司應計利潤與經營活動淨現金流負相關（Dechow，1994），因此將該變量納入模型，有助於控制對因變量的影響。ABSTA，總應計的絕對值，用上年末的總資產調整。操縱性是總應計的一部分，總應計越大，公司的操縱性應計可能也越大（Becker et al.，1998），作為控制變量放入模型，用以控制對因變量的影響。LOSS，表示公司當年是否虧損，虛擬變量，如果公司虧損，取值為1，否則為0。出現虧損的公司有強烈的動機進行盈餘管理，以「洗大澡」的方式來為來年做高利潤扭虧為盈做好準備（Healy and Wahlen，1999），因此將該變量納入模型，有助於控制對因變量的影響。INCCHG，表示公司利潤的增長，虛擬變量，如果公司當期盈利高於上年的盈利，取值為1，

---

[1] Carcello and Neal（2003）研究美國審計市場上審計委員會特徵和發表持續性經營報告後審計師被解雇的關係。在迴歸模型中，他們用審計委員會特徵的迴歸系數與其交乘項（即，審計委員會特徵和虛擬變量持續性經營報告的交乘項）的迴歸系數之和來檢驗審計委員會特徵和發表持續性經營報告後審計師被解雇的關係。

否則為 0。盈利的增長可能來自操縱性應計的變化（Teoh et al.，1998；Healy and Wahlen，1999），因此將該變量納入模型，有助於控制對因變量的影響。LEV，公司的負債，總負債除以總資產。負債高的公司，財務風險也高，公司經理人出於盈餘管理動機降低公司財務風險（DeFond and Jiambalvo，1994），將該變量作為控制變量放入模型，用以控制對因變量的影響。MB，市淨率，反應公司的成長性。成長性高的公司，公司的未來現金流好，公司經理人出於公司價值或個人薪酬動機通過盈餘管理來調整利潤（Healy and Wahlen，1999），將該變量納入模型，有助於控制對因變量的影響。SIZE，資產規模，取自然對數。規模大的公司容易受到市場的關注，並且大公司的政治成本高（Watts and Zimmerman，1978），所以大公司盈餘管理的動機比較小。將該變量作為控制變量放入模型，用以控制對因變量的影響。IndustryDummies 和 YearDummies 是指行業控制變量和年度控制變量，用以控制行業和年度的影響。

7.4 實證結果及分析

7.4.1 配股公司和非配股公司盈餘管理的情況

圖 7-1 是配股公司和非配股公司在配股前後進行盈餘管理（操縱性應計，DA）的情況。配股公司的盈餘管理程度在配股前三年都高於非配股公司的盈餘管理程度，在配股當年（即第「0」年）配股公司的盈餘管理程度達到最高，隨後出現下降，直到配股後第 3 年，配股公司的盈餘管理與非配股公司的盈餘管理相當，在配股後第 4 年、第 5 年，配股公司的盈餘管理程度才低於非配股公司的盈餘管理程度。這說明中國上市公司普

遍存在為了取得配股資格通過提高盈餘管理程度來粉飾業績的情況，特別是在配股當年，為了得到比較好的配股發行價格並使公司配股順利進行，公司的盈餘管理程度達到最高，隨後出現反轉，但是在配股後兩年，配股公司的盈餘管理程度仍然高於非配股公司的盈餘管理程度，這是因為公司為了達到監管部門對公司配股後的盈利要求和避免配股後業績反差太大，公司配股後不得不提高盈餘管理程度，而在配股後第 4 年、第 5 年，由於操縱性應計的反轉，配股公司無法再提高盈餘管理程度，表現出低於非配股公司的盈餘管理程度。這與 Teoh et al.（1998）的發現相似。

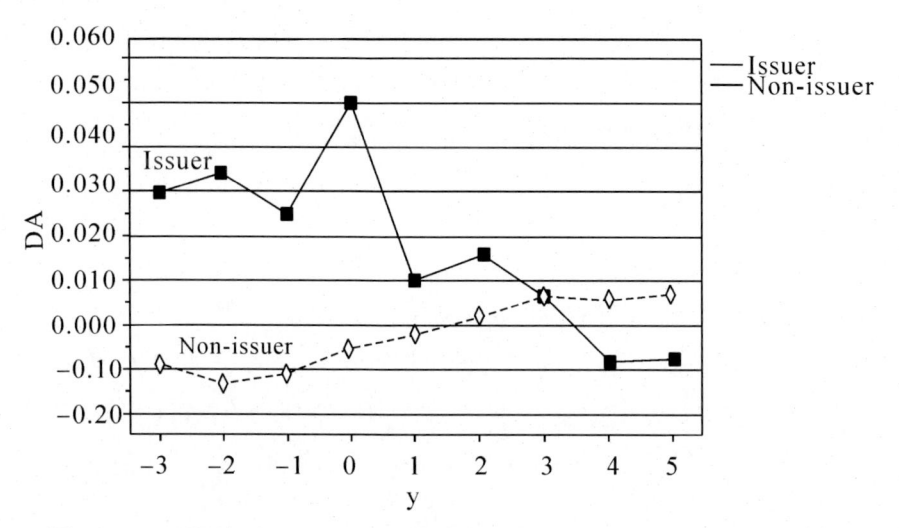

圖 7-1　配股公司（Issuer）和非配股公司（Non-issuer）DA 分佈情況

表 7-2 顯示的是對配股公司和非配股公司在配股前後各年盈餘管理（操縱性應計，DA）的檢驗結果。從「T 檢驗」和「Z 檢驗」來看，配股前兩年到配股後兩年，配股公司的盈餘管理程度顯著高於非配股公司的盈餘管理程度。在配股後第 4 年、第 5 年，從「Z 檢驗」來看，配股公司的盈餘管理程度顯著低於非配股公司的盈餘管理程度。從整個觀察窗口來看（即「Total」），配股公

司的盈餘管理程度顯著高於非配股公司的盈餘管理程度。

表 7-2　　配股公司和非配股公司各年 DA 比較

	-3	-2	-1	0	1	2	3	4	5	Total
配股公司（均值）	0.0135	0.0348	0.0316	0.0723	0.0186	0.0155	0.0040	-0.0089	-0.0117	0.0179
非配股公司（均值）	-0.0116	-0.0156	-0.0156	-0.0137	-0.0103	-0.0072	-0.0029	-0.0011	0.0030	-0.0060
T	0.49	2.20 **	3.75 ***	6.81 ***	3.62 ***	2.83 ***	0.87	-1.27	-2.41 **	7.15 ***
配股公司（中值）	0.0297	0.0347	0.0244	0.0502	0.0108	0.0162	0.0065	-0.0083	-0.0073	0.0107
非配股公司（中值）	-0.0087	-0.0129	-0.0112	-0.0047	-0.0021	0.0027	0.0069	0.0063	0.0078	0.0012
Z	1.26	4.75 ***	6.41 ***	10.39 ***	4.44 ***	3.58 ***	-0.10	-2.94 ***	-3.59 ***	7.96 ***

註：①以配股當年為基準年，即配股當年為「0」，配股前第 1 年為「-1」，配股後第 1 年為「1」，依此類推；「Total」指整個時間窗口，從「-3」年到「5」年。

②本章用 T 檢驗比較配股公司和非配股公司配股前後各年度 DA 的均值有無顯著差異；本章用 Z 檢驗，即 Wilcoxon Signed Ranks Test 比較配股公司和非配股公司配股前後各年度 DA 的中位數有無顯著差異。「*」、「**」和「***」分別表示在 10%、5% 和 1% 水準下顯著（雙尾檢驗）。

由於中國上市公司普遍存在為了配股提高盈餘管理程度的情況，加上提高盈餘管理程度的風險較大，我們進一步對配股公司和非配股公司的正向盈餘管理進行了檢驗，見表 7-3。檢驗結果和表 7-2 相似，從配股前三年、配股當年到配股後第 1 年以及整個觀察窗口（即「Total」），「Z 檢驗」顯示，配股公司的正向盈餘管理程度顯著高於非配股公司的正向盈餘管理程度，表明正向盈餘管理是公司取得配股資格的重要手段。

表 7-3　　配股公司和非配股公司各年正向 DA 比較

	-3	-2	-1	0	1	2	3	4	5	Total
配股公司（均值）	0.0871	0.0969	0.0919	0.1302	0.0766	0.0659	0.0585	0.0608	0.0561	0.0813
非配股公司（均值）	0.0886	0.0819	0.0756	0.0725	0.0653	0.0657	0.0677	0.0640	0.0668	0.0687
T	-0.05	1.14	2.06 **	7.53 ***	1.97 **	0.04	-1.51	-0.52	-1.74 *	5.32 ***
配股公司（均值）	0.0893	0.0772	0.0644	0.0864	0.0591	0.0526	0.0387	0.0432	0.0392	0.0558

表7-3(續)

	-3	-2	-1	0	1	2	3	4	5	Total
非配股公司（中值）	0.0513	0.0479	0.0473	0.0493	0.0463	0.0440	0.0458	0.0435	0.0472	0.0463
Z	1.76 *	3.35 ***	3.09 ***	6.91 ***	3.02 ***	1.35	-1.90 *	-1.13	-1.78 *	5.49 ***

註：①以配股當年為基準年，即配股當年為「0」，配股前第1年為「-1」，配股後第1年為「1」，依此類推；「Total」指整個時間窗口，從「-3」年到「5」年。

②正向DA，指DA大於零。

③本章用T檢驗比較配股公司和非配股公司配股前後各年度正向DA的均值有無顯著差異；本章用Z檢驗，即Wilcoxon Signed Ranks Test，比較配股公司和非配股公司配股前後各年度正向DA的中位數有無顯著差異。「*」、「**」和「***」分別表示在10%、5%和1%水準下顯著（雙尾檢驗）。

同時，我們以無方向盈餘管理（即操縱性應計的絕對值）來比較配股公司和非配股公司這兩組公司的情況，結果和表7-2、表7-3相似，在配股前三年、配股當年以及整個觀察窗口，配股公司的無方向盈餘管理程度顯著高於非配股公司的無方向盈餘管理程度，由於篇幅原因，表略，並且本章後面的表7-4、表7-7和表7-8的結果中提供了這樣的經驗證據。

從上面的分析來看，在配股當年和整個時間窗口，配股公司的盈餘管理程度（盈餘管理原始值、正向盈餘管理、無方向盈餘管理）總體上顯著高於非配股公司的盈餘管理程度。

7.4.2 描述性統計分析

表7-4顯示的是配股公司和非配股公司各特徵變量在配股當年的描述性統計結果。不管是國際大所「BIG1」還是國內大所「BIG2」在配股公司的比例都低於在非配股公司中的比例，「T檢驗」和「Z檢驗」統計上都顯著，這和表7-1的結果一致，說明配股公司對大所的需求不高，低於非配股公司的需求。配股公司總應計的絕對值「ABSTA」高於非配股公司，「Z檢驗」顯著，表明配股公司操作性應計顯著高會引起其總應計的

提高。配股公司虧損的比例「LOSS」低於非配股公司虧損的比例,「T 檢驗」和「Z 檢驗」統計上都顯著。配股公司盈利增長的比例「INCCHG」和會計業績「ROA」都高於非配股公司,「T 檢驗」和「Z 檢驗」統計上都顯著,但是對於公司的經營活動淨現金流「OCF」兩者都沒有表現出顯著差異,表明公司為了配股通過盈餘管理營造出好的業績或表現出較高的盈利增長,才能符合監管部門的要求以及得到一個較好的配股價格並促進配股工作順利開展。配股公司的負債比率「LEV」和成長性「MB」都顯著低於非配股公司。配股公司的資產規模「SIZE」顯著高於非配股公司。

表 7-4　　　　　　　　　描述性統計

	配股公司			非配股公司			檢驗 (配股公司 = 非配股公司)	
	均值	中值	標準差	均值	中值	標準差	T	Z
BIG1	0.0087	0.0000	0.0931	0.0527	0.0000	0.2236	-3.58***	-3.57***
BIG2	0.2238	0.0000	0.4174	0.3138	0.0000	0.4642	-3.31***	-3.30***
OCF	0.0421	0.0375	0.1474	0.0408	0.0253	0.2301	0.10	1.45
ABSTA	0.0918	0.0658	0.1135	0.0839	0.0522	0.2241	0.64	2.75***
LOSS	0.0116	0.0000	0.1074	0.2051	0.0000	0.4039	-8.81***	-8.64***
INCCHG	0.5262	1.0000	0.5000	0.4401	0.0000	0.4966	2.90***	2.90***
ROA	0.0851	0.0753	0.0662	0.0078	0.0243	0.1085	12.68***	17.43***
LEV	0.3679	0.3724	0.1461	0.5234	0.4764	0.4838	-5.90***	-10.03***
MB	4.5475	4.0034	2.5596	12.7128	4.9910	178.1304	-0.85	-7.02***
SIZE	20.8011	20.7917	0.7067	20.6643	20.6196	0.8849	2.68***	3.38***

註:①「BIG1」指國際大所;「BIG2」指國內十大,以客戶總資產計算。
②時間窗口為配股當年。
③採用 T 檢驗比較配股公司和非配股公司各特徵變量的均值有無顯著差異;採用 Z 檢驗,即 Wilcoxon Signed Ranks Test,比較配股公司和非配股公司各特徵變量的中位數有無顯著差異。「*」、「**」和「***」分別表示在 10%、5% 和 1% 水準下顯著(雙尾檢驗)。

7.4.3 大所對盈餘管理的抑制

表 7-5 顯示的是國際大所對正向操縱性應計抑制的迴歸結果。從模型（Ⅰ）的迴歸結果可知，在控制了其他變量的影響後，BIG 的迴歸系數 b_1 在配股當年和在整個時間窗口（所有年度）都為負，但統計上不顯著。這說明國際大所對所有公司（配股公司和非配股公司）正向操縱性應計的抑制總體上並不比非國際大所的高，不能支持本章的假設 H2。這與劉峰和周福源（2007）的發現相似，國際大所與非國際大所的審計質量並不存在顯著的差異。這一方面緣於中國事務所較低的法律風險和過度競爭的市場結構，另一方面則緣於事務所理性的經濟代理人行為。而從模型（Ⅱ）的迴歸結果發現，在控制了其他變量的影響後，BIG 的迴歸系數 b_1 仍然不顯著，說明國際大所對非配股公司的正向操縱性應計不能顯著抑制，但是 BIG * RI 的迴歸系數 b_3 在配股當年和在整個時間窗口（所有年度）都顯著為負，並且（$b_1 + b_3$）的迴歸系數也顯著為負。這說明，國際大所不但對配股公司正向操縱性應計的抑制比其對非配股公司的正向操縱性應計的抑制要顯著高，同時，國際大所能對配股公司正向操縱性應計進行顯著的抑制。模型（Ⅱ）的迴歸結果表明，國際大所對不同盈餘管理程度的配股公司和非配股公司表現出不同的審計質量，國際大所能對高盈餘管理程度的配股公司進行顯著的抑制，但是對低盈餘管理程度的非配股公司沒有表現出顯著的抑制水準，支持本章的假設 H1。

表 7-5 中的控制變量 OCF、ABSTA 和 LOSS 的迴歸系數在統計上顯著。OCF 與正向 DA 顯著負相關，說明經營活動淨現金流高的公司，正向盈餘管理的動機較弱。ABSTA 與正向 DA 顯著正相關，表明公司的總應計高，正向操縱性應計也高。LOSS 與正向 DA 顯著負相關，表明出現虧損的公司有強烈的動機進行

盈餘管理，以「洗大澡」的方式來為來年做高利潤扭虧為盈做好準備。

表7-6是國內十大對正向操縱性應計抑制的迴歸結果和表7-5的結果相似，國內十大會計師事務所對所有公司（配股公司和非配股公司）正向操縱性應計的抑制總體上並不比非國內十大的高，不能支持本章的假設H2；國內十大對配股公司正向操縱性應計的抑制比其對非配股公司的正向操縱性應計的抑制要顯著高，同時，國內十大能對配股公司正向操縱性應計進行顯著的抑制，但是對非配股公司正向操縱性應計沒有表現出顯著的抑制水準，這一結果支持本章的假設H1。表7-6控制變量的迴歸結果與表7-5的相似，不再贅述。

表7-5　國際大所對正向操縱性應計抑制的迴歸結果

	因變量：正向操縱性應計							
	模型（Ⅰ）				模型（Ⅱ）			
	配股當年		所有年度		配股當年		所有年度	
	系數	t	系數	t	系數	t	系數	t
BIG	0.0038	0.19	-0.0006	-0.14	0.0187	0.93	0.0030	0.61
RI					0.0236	3.28***	0.0040	1.93*
BIG*RI					-0.1364	-2.05**	-0.0159	-2.25**
Joint Test (b_1+b_3)					-0.1177	-1.86*	-0.0129	-2.46**
OCF	-0.1290	-1.58	-0.2154	-6.40***	-0.1318	-1.72*	-0.2168	-6.47***
ABSTA	0.7154	9.45***	0.5516	10.68***	0.6932	9.67***	0.5498	10.65***
LOSS	-0.0123	-0.98	-0.0183	-4.02***	-0.0096	-0.77	-0.0183	-4.04***
INCCHG	-0.0014	-0.28	0.0010	0.50	-0.0024	-0.52	0.0010	0.48
LEV	-0.0191	-0.98	-0.0035	-1.32	-0.0128	-0.67	-0.0035	-1.32
MB	0.0004	1.09	-2.0E-06	-0.02	0.0005	1.40	3.8E-06	0.05
SIZE	0.0058	1.02	0.0016	1.13	0.0044	0.79	0.0012	0.89
INTERCEPT	-0.0567	-0.50	0.0172	0.60	-0.0374	-0.34	0.0239	0.83
IndustryDummies (not reported)								
YearDummies (not reported)								
N		972		4185		972		4185

表7-5(續)

	因變量：正向操縱性應計							
	模型（Ⅰ）				模型（Ⅱ）			
	配股當年		所有年度		配股當年		所有年度	
	系數	t	系數	t	系數	t	系數	t
R^2	0.360		0.394		0.391		0.396	
F	17.67***		19.47***		18.83***		19.2***	

註：① 「BIG」指國際大所，在1998年前為六大，1998年後為五大，2002年後為四大。

② 「所有年度」指整個時間觀察窗口，從配股前三年到配股後五年。

③ 「*」、「**」和「***」分別表示在10%、5%和1%水準下顯著（雙尾檢驗）。

表7-6　國內十大對正向操縱性應計抑制的迴歸結果

	因變量：正向操縱性應計							
	模型（Ⅰ）				模型（Ⅱ）			
	配股當年		所有年度		配股當年		所有年度	
	系數	t	系數	t	系數	t	系數	t
BIG	-0.0023	-0.46	-0.0015	-0.81	0.0080	1.37	0.0010	0.46
RI					0.0350	3.99***	0.0064	2.75***
BIG*RI					-0.0420	-3.44***	-0.0075	-1.92*
Joint Test (b_1+b_3)					-0.0340	-3.22***	-0.0065	-1.96*
OCF	-0.0809	-1.00	-0.2192	-6.09***	-0.1090	-1.37	-0.2209	-6.17***
ABSTA	0.7679	10.55***	0.5538	10.21***	0.7158	9.63***	0.5513	10.17***
LOSS	-0.0190	-1.77*	-0.0201	-4.66***	-0.0169	-1.60	-0.0200	-4.63***
INCCHG	-0.0029	-0.59	0.0016	0.78	-0.0032	-0.67	0.0016	0.75
LEV	-0.0088	-0.45	-0.0036	-1.35	-0.0068	-0.35	-0.0035	-1.35
MB	1.9E-04	0.59	-6.8E-06	-0.08	3.2E-04	0.98	7.6E-08	0.00
SIZE	0.0011	0.23	0.0007	0.54	0.0002	0.05	0.0004	0.33
INTERCEPT	0.0319	0.33	0.0347	1.25	0.0407	0.43	0.0398	1.42
IndustryDummies (not reported)								
YearDummies (not reported)								
N	935		3960		935		3960	
R^2	0.368		0.409		0.408		0.413	
F	17.57***		19.02***		19.38***		19.06***	

註：①「BIG」指國內十大，以客戶的總資產計算。
②「所有年度」指整個時間觀察窗口，從配股前三年到配股後五年。
③「*」、「**」和「***」分別表示在10%、5%和1%水準下顯著(雙尾檢驗)。

7.4.4 輔助性檢驗

有文獻研究表明，無方向操縱性應計（Unsigned discretionary accruals，即操縱性應計的絕對值）常用來衡量公司的盈餘管理，但是無方向操縱性應計會高估公司盈餘管理，導致迴歸模型估計發生偏差（Hribar and Nichols, 2007）。我們對無方向操縱性應計進行輔助性檢驗，結果見表7-7和表7-8。

表7-7 國際大所對無方向操縱性應計抑制的迴歸結果

	因變量：無方向操縱性應計							
	模型（Ⅰ）				模型（Ⅱ）			
	配股當年		所有年度		配股當年		所有年度	
	系數	t	系數	t	系數	t	系數	t
BIG	-0.0043	-0.43	-0.0045	-1.58	0.0037	0.37	-0.0025	-0.78
RI					0.0183	3.46***	0.0011	0.81
BIG*RI					-0.1112	-1.88*	-0.0097	-1.56
Joint Test ($b_1 + b_3$)					-0.1076	-1.84*	-0.0122	-2.25**
OCF	-0.0136	-0.68	-0.0369	-0.70	-0.0081	-0.40	-0.0369	-0.70
ABSTA	0.8860	9.90***	0.7312	9.22***	0.8804	9.61***	0.7313	9.22***
LOSS	-0.0185	-5.00***	-0.0112	-2.69***	-0.0153	-3.93***	-0.0111	-2.67***
INCCHG	-0.0037	-1.16	-0.0039	-1.45	-0.0041	-1.30	-0.0039	-1.46
LEV	-0.0010	-0.32	0.0000	0.35	0.0003	0.09	0.0000	0.33
MB	-1.1E-05	-7.55***	-5.6E-07	-1.43	-1.0E-05	-7.62***	-5.6E-07	-1.42
SIZE	-0.0009	-0.38	0.0002	0.13	-0.0015	-0.63	0.0001	0.04
INTERCEPT	0.0531	1.09	0.0171	0.67	0.0605	1.25	0.0194	0.75
IndustryDummies (not reported)								
YearDummies (not reported)								
N		1879		7902		1879		7902
R^2		0.607		0.230		0.615		0.230

表7-7(續)

	因變量：無方向操縱性應計							
	模型（Ⅰ）				模型（Ⅱ）			
	配股當年		所有年度		配股當年		所有年度	
	係數	t	係數	t	係數	t	係數	t
F		95.03***		10.76***		91.94***		10.34***

註：①「BIG」指國際大所，在1998年前為六大，1998年後為五大，2002年後為四大。

②「所有年度」指整個時間觀察窗口，從配股前三年到配股後五年。

③「*」、「**」和「***」分別表示在10%、5%和1%水準下顯著（雙尾檢驗）。

表7-8 國內十大對無方向操縱性應計抑制的迴歸結果

	因變量：無方向操縱性應計							
	模型（Ⅰ）				模型（Ⅱ）			
	配股當年		所有年度		配股當年		所有年度	
	係數	t	係數	t	係數	t	係數	t
BIG	-0.0020	-0.65	-0.0020	-1.31	0.0042	1.31	0.0001	0.05
RI			0.0268	4.13***			0.0029	1.77*
BIG * RI					-0.0316	-3.42***	-0.0069	-2.44**
Joint Test (b_1+b_3)					-0.0274	-3.23***	-0.0068	-2.95***
OCF	-0.0128	-0.64	-0.0385	-0.72	-0.0075	-0.37	-0.0384	-0.72
ABSTA	0.8870	9.70***	0.7348	9.19***	0.8815	9.48***	0.7347	9.18***
LOSS	-0.0200	-5.73***	-0.0118	-2.82***	-0.0163	-4.38***	-0.0117	-2.79***
INCCHG	-0.0032	-0.98	-0.0037	-1.35	-0.0034	-1.05	-0.0037	-1.37
LEV	-0.0009	-0.28	0.0000	0.32	-0.0003	-0.09	0.0000	0.33
MB	-1.1E-05	-8.14***	-5.8E-07	-1.44	-1.1E-05	-7.74***	-5.6E-07	-1.40
SIZE	-0.0017	-0.75	0.0001	0.11	-0.0025	-1.10	0.0001	0.08
INTERCEPT	0.0689	1.48	0.0179	0.67	0.0771	1.67*	0.0182	0.67
IndustryDummies (not reported)								
YearDummies (not reported)								
N	1795		7472		1795		7472	
R^2	0.614		0.233		0.622		0.233	
F	93.34***		9.85***		90.56***		9.42***	

註：①「BIG」指國內十大，以客戶的總資產計算。

②「所有年度」指整個時間觀察窗口，從配股前三年到配股後五年。

③「＊」、「＊＊」和「＊＊＊」分別表示在10%、5%和1%水準下顯著（雙尾檢驗）。

表7-7的結果和表7-5相似，在模型（Ⅰ）中，BIG的迴歸系數b_1在配股當年和在整個時間窗口（所有年度）都不顯著，說明國際大所對所有公司（配股公司和非配股公司）無方向操縱性應計的抑制總體上並不比非國際大所的高，不能支持本章的假設H2；在模型（Ⅱ）中，BIG的迴歸系數b_1仍然不顯著，說明國際大所對非配股公司的無方向操縱性應計不能顯著抑制；BIG＊RI的迴歸系數b_3在配股當年顯著，而在整個時間窗口（所有年度）邊際顯著（t值為1.56），說明國際大所對配股公司無方向操縱性應計的抑制比其對非配股公司的無方向操縱性應計的抑制要顯著高，只得到較弱的支持；但是，（b_1＋b_3）的迴歸系數始終顯著為負，說明國際大所能對配股公司無方向操縱性應計進行顯著的抑制。迴歸結果表明國際大所對不同盈餘管理程度的配股公司和非配股公司表現出不同的審計質量，支持本章的假設H1。控制變量的迴歸結果與表7-5不同的是，MB與無方向DA顯著負相關，說明成長性高的公司無方向操縱性應計也高。

表7-8的結果和表7-7相似，國內十大對所有公司（配股公司和非配股公司）無方向操縱性應計的抑制不比非國內十大的高，不能支持本章的假設H2；國內十大對配股公司無方向操縱性應計的抑制比對非配股公司的無方向操縱性應計的抑制要高；相對於其他事務所，國內十大能對配股公司無方向操縱性應計進行顯著的抑制，而沒有對非配股公司的無方向操縱性應計進行顯著的抑制這一結果支持本章的假設H1。表7-8控制變量的迴歸結果與表7-7的相似，不再贅述。

7.4.5 穩健性分析

為了考察結果的穩健性，我們對表7-5至表7-8的結果做了穩健性分析。其一，根據夏立軍（2003）的研究，發現在中國分行業截面迴歸的基本Jones模型能有效揭示出盈餘管理，因此，我們用分行業截面迴歸的基本Jones模型估計DA，重新對本章的假設進行檢驗。其二，針對國內十大的衡量，我們用客戶收入計算事務所的市場份額，取其前十大作為大所，重新對本章的假設進行檢驗。最後，我們不區分國際大所和國內十大，用市場份額排名在前十五位的事務所作為大所重新對本章的假設進行檢驗。以上穩健性分析結果均顯示，表7-5至表7-8的主要研究結論不變。

7.5 本章小結

本章結合中國特殊的制度背景，檢驗了規模大的會計師事務所的審計質量對盈餘管理的影響，並主要檢驗大所的審計質量對不同盈餘管理的公司是否有一致的抑制行為，以此來支持大所是否具有「相機抉擇」的理性經濟人行為的觀點。中國的資本市場是政府推動發展的資本市場，成立的時間不長，相應的法律機制不健全，會計師事務所的法律風險很低，審計質量不高。雖然中國政府推出幾次改革以推動會計師事務所審計質量的提高，但是中國會計師事務所的審計質量仍然讓人擔憂，特別是最近的「科龍」、「外高橋」和「航天機電」等審計失敗事件，讓人質疑中國會計師事務所的審計質量，特別是大所的審計質量。

本章結合中國特殊的配股現象，把配股公司和非配股公司區分為高盈餘管理公司和低盈餘管理公司。中國監管的不對稱（重事前監管，輕事後監督）使得公司為了配股而產生強烈的盈餘管理動機，我們以此來研究大所的審計質量對這兩類公司盈餘管理的影響。研究結果表明，大所（即國際大所和國內十大）對所有樣本公司（配股和非配股公司）總體上沒有顯著表現出比其他事務所更高的審計質量，我們的解釋是：中國事務所的法律風險低，行業市場過度競爭，加上事務所作為理性經濟代理人的行為反應，這些都使得大所在整體上沒有表現出高質量的審計。但是，我們研究發現，大所對配股公司的盈餘管理的抑制要顯著高於其對非配股公司的盈餘管理的抑制，同時，大所能對配股公司的盈餘管理進行顯著抑制，而不能對非配股公司的盈餘管理進行顯著抑制。這說明，大所對不同盈餘管理的公司採取不同的審計質量進行審計，大所的審計質量並不是一貫的高，大所表現出一種理性經濟人的行為，經驗數據支持 Antle（1982）的觀點。

　　本章的理論啟示是：大所並不是一貫提供高質量的審計，審計質量取決於客戶和事務所雙方的特徵和博弈的力量，因為事務所是公司投資者和經理人這層代理關係中的又一層代理關係；如果客戶的盈餘管理高、風險大，並且會計師事務所的規模大，獨立性高，會計師事務所具備提供高審計質量的條件，那麼會計師事務所會基於自身價值最大化的動機來對高盈餘管理的公司提供高質量的審計。本章的政策啟示是：相關方應提高審計師的法律風險成本，完善相應的法律機制，使事務所「相機抉擇」的行為得到約束，並加大對事務所規模的投入，從而提高中國審計市場的整體審計質量。

第八章
研究結論和啟示

本章為全書的結束部分，主要說明本書的研究結論及其理論和政策含義。

8.1 研究結論

本書結合中國特殊的制度背景，研究一個處於轉型經濟背景下的新興資本市場國家政府管制、外部審計對上市公司配股融資行為的影響及相應的經濟後果，並主要研究以下五個問題：①中國的政府管制在證券市場配股融資行為上對保護投資者利益和優化資源配置方面是否有效；②中國上市公司在配股融資過程中存在什麼樣的盈餘管理策略和行為，以及對中國證券市場配置效率是否有影響並存在差異，同時，政府監管者能否識別並有效抑制上市公司的盈餘管理策略和行為；③中國上市公司配股後的真實業績是否出現顯著下滑，大股東掏空行為是否比盈餘管理更能解釋上市公司的配股業績下滑之謎；④中國證券市場上的審計意見在上市公司配股融資過程中是否具有信息含量，從無審計意見管制時期變遷到審計意見管制時期後，審計意見之於監管者和市場投資者的信息含量是否會受到影響；⑤在像中國這樣一個處於轉型經濟背景下的新興資本市場國家，大型會計師事務所是否具有「相機抉擇」的經濟人行為特質從而表現出一貫的高審計質量。本書得到的研究結論如下：

（1）政府管制對證券市場配股融資效率的作用包括直接和間接兩個方面。從公司未來的長期市場業績和會計業績來看，政府管制對中國證券市場的發展發揮了顯著的正面作用，而且在直接作用和間接作用上都有所體現。同時，中國政府管制的直接作用和間接作用都有逐步加強的趨勢，存在隨時間推移的

演進效應；相對於政府管制的直接作用而言，間接作用表現出一定的柔弱性和緩慢性。

　　(2) 中國上市公司配股融資過程中存在應計盈餘管理（Accrual-Based Earnings Management）、線下項目盈餘管理（Earnings Management from Below-the-Line Items）、真實盈餘管理（Real Earnings Management）三種盈餘管理行為和策略。其中，應計盈餘管理被上市公司採用的強度最高，同時，只有線下項目盈餘管理和真實盈餘管理能被政府監管者有效識別，而線下項目盈餘管理最容易被政府監管者識別。此外，應計盈餘管理、線下項目盈餘管理、真實盈餘管理對資源配置效率都有顯著的負面影響，而線下項目盈餘管理的負面影響程度最大。

　　(3) 中國上市公司配股後會計業績和真實業績都出現了顯著下滑，會計業績較之真實業績下滑得更厲害。雖然盈餘管理也能解釋上市公司配股後會計業績下滑的原因，但總體而言，在中國資本市場上，大股東的掏空行為比盈餘管理更能解釋中國上市公司配股業績下滑之謎。

　　(4) 審計意見在中國證券市場的配股融資過程中，對於政府監管者和市場投資者來說具有信息含量。從無審計意見管制時期轉變到審計意見管制時期後，由於審計意見從一種隱性的市場制度安排變為顯性的政府管制手段，審計意見的信息內容被強制趨同，其對監管者和市場投資者不再具有信息含量。表現為非標意見和標準意見在政府監管者的決策上不再有差異化考慮，在配股公司的長期市場業績上不再有顯著差別反應。

　　(5) 大型會計師事務所對不同盈餘管理程度的公司採取不同的審計質量進行審計，說明在中國證券市場上大型會計師事務所具有「相機抉擇」的理性經濟人特質。具體表現為：大型會計師事務所總體上對所有樣本公司沒有表現出顯著的高質量審計水準；在將樣本公司區分為配股公司和非配股公司後，大

型會計師事務所對配股公司的盈餘管理能進行顯著的抑制，並且其抑制程度要顯著高於對非配股公司的抑制程度。但是，大型會計師事務所對非配股公司的盈餘管理並沒有表現出顯著的抑制水準。

8.2 理論和政策含義

　　本書的特點是：基於中國特殊的配股管制制度背景，研究像中國這樣一個新興資本市場國家的特色問題，以期從中國證券市場的實踐出發，從理論上進行分析，並以經驗數據進行實證檢驗，希望本書的結論一方面為中國經濟改革提供一個截面或一個點的反應和解讀，另一方面也為今後中國經濟的改革尤其是中國證券審計市場的改革提供經驗證據和政策啟示。具體而言，從本書研究結論可以得到如下理論和政策含義：

　　（1）對於一個處於轉型經濟又是新興資本市場的國家來說，管制十分必要而又極其重要，並且管制的作用有直接作用和間接作用之分，有效的管制可以推動一個國家的經濟健康穩定地發展。因此，進一步完善和推動中國的配股管制，提高配股管制的直接作用和間接作用，對優化中國證券市場的資源配置功能和保護投資者利益具有重要的意義，本書提供了這方面的經驗證據和分析。

　　（2）中國上市公司的配股融資活動中不但存在真實盈餘管理，而且與應計盈餘管理、線下項目盈餘管理共同存在，它們一起構成了上市公司的三種盈餘管理策略，這為系統地審視中國上市公司配股融資活動中的盈餘管理行為提供了新的思路，更重要的是，其為中國會計改革和配股管制的演進提供了政策

啟示和經驗證據。此外，應計盈餘管理、線下項目盈餘管理、真實盈餘管理三種盈餘管理策略在中國配股管制中被識別的程度和對中國資源配置效率的負面影響程度都不盡相同，這為中國證券市場改革和健康發展提供了新的啟示和研究借鑑。

（3）中國上市公司配股後不但會計業績出現顯著下滑，而且真實業績也出現顯著下滑；掏空理論比盈餘管理觀點更能解釋中國上市公司配股業績下滑之謎。因此，要防止公司配股後業績出現下滑，抑制上市公司配股過程中的盈餘管理行為不能解決根本問題，首要辦法是有效抑制上市公司大股東的掏空行為及其掏空成本的轉嫁。同時，本書的結論表明，防止大股東掏空行為和保護中小投資者的利益，是中國證券市場建設的重中之重，這需要一系列的內在公司治理和外在制度建設的進一步完善。

（4）審計意見在中國證券市場上對於政府監管者和市場投資者來說具有信息含量，對中國證券市場健康發展具有重要的戰略意義。政府管制環境對審計意見的決策有用性有著重要的影響，區分和協調好政府強制的管制功能和審計意見自發的市場功能顯得非常必要。配股管制的加強固然會提高中國證券市場資源配置的有效性，但配股管制功能的完善也需要借助市場仲介組織（如會計師事務所）的功能來實現，它們共同推動中國證券市場的發展，成為中國經濟健康和諧發展的保證。

（5）大型會計師事務所並不是一貫提供高質量的審計，審計質量取決於客戶和事務所雙方的特徵和博弈的力量。因為事務所是公司投資者和經理人這層代理關係中的又一層代理關係。如果客戶的盈餘管理程度高、風險大，並且會計師事務所的規模大、獨立性高，會計師事務所具備提供高審計質量的條件，那麼會計師事務所會出於自身價值最大化的動機，對高盈餘管理的公司提供高質量的審計。因此，應結合中國的特殊國情，

完善中國相應的法律機制，提高中國審計師的法律風險成本，使事務所「相機抉擇」的行為得到約束，從而提高中國審計市場的整體審計質量。

參考文獻

[1] 白雲霞，王亞軍，吳聯生．業績低於閾值公司的盈餘管理——來自控制權轉移公司後續資產處置的證據［J］．管理世界，2005（5）．

[2] 蔡春，黃益建，趙莎．關於審計質量對盈餘管理影響的實證研究——來自滬市製造業的經驗證據［J］．會計研究，2005（2）．

[3] 陳冬華，章鐵生，李翔．法律環境、政府管制與隱性契約［J］．經濟研究，2008（3）．

[4] 陳冬華，周春泉．自選擇問題對審計收費的影響——來自中國上市公司的經驗證據［J］．財經研究，2006（3）．

[5] 陳漢文．註冊會計師職業行為準則研究［M］．北京：中國財政經濟出版社，2001．

[6] 陳漢文，陳向民．證券價格的事件性反應——方法、背景和基於中國證券市場的應用［J］．經濟研究．2002（1）．

[7] 陳漢文，劉啟亮，餘勁松．國家、股權結構、誠信與公司治理——以宏智科技為例［J］．管理世界．2005（8）．

［8］陳漢文，王華，鄭鑫成．安達信：事件與反思［M］．廣州：暨南大學出版社，2003．

［9］陳漢文．證券市場與會計監管［M］．北京：中國財政經濟出版社，2001．

［10］陳武朝，張泓．盈餘管理、審計師變更與審計師獨立性［J］．會計研究，2004（8）．

［11］陳曉，王琨．關聯交易、公司治理與國有股改革——來自中國資本市場的實證證據［J］．經濟研究，2005（4）．

［12］陳小悅，肖星，過曉燕．配股權與上市公司利潤操縱［J］．經濟研究，2000（1）．

［13］杜沔，王良成．中國上市公司配股前後業績變化影響因素的實證研究［J］．管理世界，2006（3）．

［14］葛家澍．財務會計理論研究［M］．廈門：廈門大學出版社，2006．

［15］韓洪靈．中國審計市場的結構、行為與績效——以審計定價為核心的研究［D］．廈門：廈門大學，2006．

［16］黃少安，張崗．中國上市公司股權融資偏好分析［J］．經濟研究，2001（11）．

［17］雷光勇，劉慧龍．大股東控制、融資規模與盈餘操縱程度［J］．管理世界，2006（1）．

［18］李彬，張俊瑞，郭慧婷．會計彈性與真實活動操控的盈餘管理關係研究［J］．管理評論，2009，21（6）．

［19］李補喜，王平心．上市公司審計費用率影響因素實證研究［J］．南開管理評論，2005（2）．

［20］李東平．大股東控制、盈餘管理與上市公司業績滑坡［D］．上海：上海財經大學，2001．

［21］李康，楊興君，楊雄．配股和增發的相關者利益分析和政策研究［J］．經濟研究，2003（3）．

［22］李爽，吳溪．監管信號、風險評價與審計定價：來自審計師變更的證據［J］．審計研究，2004（1）．

［23］李仙，聶麗潔．中國上市公司IPO中審計質量與盈餘管理實證研究［J］．審計研究，2006（6）．

［24］李增泉．實證分析：審計意見的信息含量［J］．會計研究，1999（8）．

［25］李正．企業社會責任與企業價值的相關性研究——來自滬市上市公司的經驗證據［J］．中國工業經濟，2006（2）．

［26］李志文，宋衍蘅．影響中國上市公司配股決策的因素分析［J］．經濟科學，2003（3）．

［27］廖義剛，王豔豔．大股東控制、政治聯繫與審計獨立性——來自持續經營不確定性審計意見視角的經驗證據［J］．經濟評論，2008（5）．

［28］劉斌，葉建中，廖瑩毅．中國上市公司審計收費影響因素的實證分析——深滬市2001年報的經驗證據［J］．審計研究，2003（1）．

［29］劉峰，周福源．國際四大意味著高審計質量嗎——基於會計穩健性角度的檢驗［J］．會計研究，2007（3）．

［30］劉明輝，李黎，張羽．中國審計市場集中度與審計質量關係的實證分析［J］．會計研究，2003（7）．

［31］劉明輝，汪壽成．改革開放三十年中國註冊會計師制度的嬗變［J］．會計研究，2008（12）．

［32］劉啓亮，李增泉，姚易偉．投資者保護、控制權私利與金字塔結構［J］．管理世界，2008（12）．

［33］劉啓亮，周連輝，付杰，等．政治聯繫、私人關係、事務所選擇與審計合謀［J］．審計研究，2010（4）．

［34］劉俏，陸洲．公司資源的「隧道效應」——來自中國上市公司的證據［J］．經濟學季刊，2004，3（2）．

[35] 劉偉, 劉星. 審計師變更、盈餘操縱與審計師獨立性 [J]. 管理世界, 2007 (9).

[36] 陸正飛, 魏濤. 配股後業績下降: 盈餘管理後果與真實業績滑坡 [J]. 會計研究, 2006 (8).

[37] 漆江娜, 陳慧霖, 張陽. 事務所規模、品牌、價格與審計質量——國際「四大」中國審計市場收費與質量研究 [J]. 審計研究, 2004 (3).

[38] 沈藝峰, 許年行, 楊熠. 中國中小投資者法律保護歷史實踐的實證檢驗 [J]. 經濟研究, 2004 (9).

[39] 唐國正. 股權二元結構下配股對股權價值的影響 [J]. 經濟學季刊, 2006, 5 (2).

[40] 王良成, 曹強, 廖義剛. 政府管制、融資行為與審計治理效應——來自中國上市公司配股融資的經驗證據 [J]. 山西財經大學學報, 2011 (5).

[41] 王良成, 陳漢文. 中國的配股管制有效嗎？[J]. 工作論文, 廈門大學會計系, 2009.

[42] 王良成, 陳漢文. 法律環境、事務所規模與審計定價 [J]. 財貿經濟, 2010 (4).

[43] 王良成, 陳漢文, 向銳. 中國上市公司配股業績下滑之謎: 盈餘管理還是掏空 [J]. 金融研究, 2010 (10).

[44] 王良成, 韓洪靈. 大所的審計質量一貫的高嗎？——來自中國上市公司配股融資的經驗證據 [J]. 審計研究, 2009 (3).

[45] 王良成, 廖義剛, 曹強. 政府管制變遷與審計意見監管有用性——基於中國 SEO 管制變遷的實證研究 [J]. 經濟科學, 2011 (2).

[46] 王豔豔, 陳漢文. 審計質量與會計信息透明度——來自中國上市公司的經驗數據 [J]. 會計研究, 2006 (4).

[47] 王豔豔，於李勝．法律環境、審計獨立性與投資者保護[J]．財貿經濟，2006（5）．

[48] 王正位，趙冬青，朱武祥．再融資門檻無效嗎？[J]．管理世界，2006（10）．

[49] 魏濤，陸正飛，單宏偉．非經常性損益盈餘管理的動機、手段和作用研究[J]．管理世界，2007（1）．

[50] 吳聯生，譚力．審計師變更決策與審計意見改善[J]．審計研究，2005（2）．

[51] 吳水澎．會計學原理[M]．沈陽：遼寧人民出版社，2000．

[52] 吳水澎，李奇鳳．國際四大、國內十大與國內非十大的審計質量——來自2003年中國上市公司的經驗證據[J]．當代財經，2006（2）．

[53] 吳文鋒，胡戈遊，吳衝鋒，等．從長期業績看設置再發行「門檻」的合理性[J]．管理世界，2005（5）．

[54] 伍利娜．審計定價影響因素研究——來自中國上市公司首次審計費用披露的證據[J]．中國會計評論，2003，1（1）．

[55] 夏冬林，林震昃．中國審計市場的競爭狀況分析[J]．會計研究，2003（3）．

[56] 夏立軍．盈餘管理計量模型在中國股票市場的應用研究[J]．中國會計與財務研究，2003，5（2）．

[57] 夏立軍，陳信元，方秩強．審計任期與審計獨立性：來自中國證券市場的經驗證據[J]．中國會計與財務研究，2005，7（1）．

[58] 夏立軍，方秩強．政府控制、治理環境與公司價值——來自中國證券市場的經驗證據[J]．經濟研究，2005（5）．

[59] 閻達五，耿建新，劉文鵬．中國上市公司配股融資行

為的實證研究[J].會計研究,2001(9).

[60] 楊鶴,徐鵬.審計師更換對審計獨立性影響的實證研究[J].審計研究,2004(1).

[61] 餘緒纓.管理會計學[M].北京:中國人民大學出版社,2005.

[62] 餘宇瑩,劉啓亮,陳漢文.簽字會計師任期與審計質量:來自中國證券市場的經驗證據[J].中國會計與財務研究,2008(2).

[63] 餘玉苗.論獨立審計在公司治理結構中的作用[J].審計研究,2001(6).

[64] 原紅旗.上市公司配股政策10年變遷:企業與政府的博弈分析[J].經濟管理.2002(22).

[65] 原紅旗.股權再融資之「謎」及其理論解釋[J].會計研究,2003(5).

[66] 張繼勛,徐奕.上市公司審計收費影響因素研究——來自上市公司2001-2003年的經驗證據[J].中國會計評論,2005,3(1).

[67] 張祥建,徐晉.股權再融資與大股東控制的「隧道效應」——對上市公司股權再融資偏好的再解釋[J].管理世界,2005(11).

[68] 張祥建,徐晉.盈餘管理、配股融資與上市公司業績滑坡[J].經濟科學,2005(1).

[69] 證監會.上市公司新股發行管理辦法,2001-03-28.

[70] 證監會.上市公司證券發行管理辦法,2006-05-08.

[71] 周中勝,陳漢文.獨立審計有用嗎?——基於資源配置效率視角的經驗研究[J].審計研究,2008(6).

[72] 朱小平, 餘謙. 中國審計收費影響因素之實證分析 [J]. 中國會計評論, 2004, 2 (2).

[73] Aharony, Joseph, Chi – Wen Jevons Lee, and T. J. Wong. Financial Packaging of IPO Firms in China [J]. Journal of Accounting Research, 2000, 38 (1): 103 – 126.

[74] Aharony, Joseph, Jiwei Wang, and Hongqi Yuan. Tunneling as an Incentive for Earnings Management During the IPO Process in China [J]. Journal of Accounting and Public Policy, 2010 (29): 1 – 26.

[75] Antle, R. The Auditor as an Economic Agent [J]. Journal of Accounting Research, 1982, 20 (2): 503 – 527.

[76] Bailey, Warren. Risk and Return on China's New Stock Markets: Some Preliminary Evidence [J]. Pacific Basin Financial Journal, 1994 (2): 243 – 260.

[77] Bartov, E. The Timing of Asset Sales and Earnings Manipulation [J]. The Accounting Review, 1993 (68): 840 – 855.

[78] Becker, C. L., et al. The Effect of Audit Quality on Earnings Management [J]. Contemporary Accounting Research, 15 (1): 1 – 24.

[79] Berle, A., and G. Means. The Modern Corporation and Private Properity. New York: Macmillan, 1932.

[80] Burgstahler, D., and I. Dichev. Earnings Management to Avoid Earnings Decreases and Losses [J]. Journal of Accounting and Economics, 1997 (24): 99 – 126.

[81] Cao, Yuanzheng, Yingyi Qian, and Barry R. Weingast. From Federalism, Chinese Style to Privatization [J]. Economics of Transition, 1999, 7 (1): 103 – 131.

[82] Carcsllo, Joseph V., and Terry L. Neal. Audit Commit-

tee Characteristics and Auditor Dismissals Following 「New」 Going-Concern Reports [J]. The Accounting Review, 2003, 78 (1): 95-117.

[83] Chen, Hanwen, Jeff Z. Chen, Gerald Lobo, et al. Association Between Borrower and Lender State Ownership and Accounting Conservatism [J]. Journal of Accounting Research, 2010, 48 (5): 973-1014.

[84] Chen, J. P. C. , S. Chen, and X. Su. Profitability Regulation, Earnings Management, and Modified Audit Opinions: Evidence from China [J]. Auditing: A Journal of Practice and Theory, 2001, 20 (2): 9-30.

[85] Chen, Kevin C. W. , and Hongqi, Yuan. Earnings Management and Capital Resource Allocation: Evidence from China's Accounting-based Regulation of Rights Issues [J]. The Accounting Review, 2004 (79): 645-665.

[86] Chen, Charles J. P. , Xijia Su, and Ronald Zhao. An Emerging Market's Reaction to Initial Modified Audit Opinions: Evidence from the Shanghai Stock Exchange [J]. Contemporary Accounting Research, 2000, 17 (3): 129-455.

[87] Choi, Jong - Hag, and T. J. Wong. Auditors' Governance Functions and Legal Environments: An International Investigation [J]. Contemporary Accounting Research, 2007, 24 (1): 13-46.

[88] Cohen, Daniel A. , A. Dey, and Thomas Z. Lys. Real and Accrual-based Earnings Management in the Pre- and Post-Sarbanes - Oxley Periods [J]. The Accounting Review, 2008, 83 (3): 757-787.

[89] Conrad, Jennifer, and Gautam Kaul. Long-term Market

Overreaction or Biases in Computed Returns? [J]. The Journal of Finance, 1993 (48): 39 - 63.

[90] DeAngelo, L. E. Auditor Size and Audit Quality [J]. Journal of Accounting and Economics, 1981 (3): 183 - 199.

[91] Dechow, P. M. Accounting Earnings and Cash Flows as Measures of Firm Performance: The Role of Accounting Accruals [J]. The Journal of Accounting and Economics, 1994 (18): 3 - 42.

[92] Dechow, P. M., and R. Sloan. Executive Incentive and the Horizon Problem: An Empirical Investigation [J]. Journal of Accounting and Economics, 1991 (14): 51 - 89.

[93] Dechow, P. M., R. G. Sloan, and A. P. Sweeney. Detecting Earnings Management [J]. The Accounting Review, 1995, 70 (2): 193 - 225.

[94] DeFond, M. L., and J. Jiambalvo. Debt Covenant Violation and Manipulation of Accruals [J]. The Journal of Accounting and Economics, 1994 (17): 145 - 176.

[95] DeFond, M. L., and K. R. Subramanyam. Auditor Changes and Discretionary Accruals [J]. Journal of Accounting and Economics, 1998 (25): 35 - 67.

[96] DeFond, M. L., T. J. Wong, and S. Li. The Impact of Improved Auditor Independence on Audit Market Concentration in China [J]. Journal of Accounting and Economics, 2000 (28): 269 - 305.

[97] Demsets, H. and K. Lehn. The Structure of Corporate Ownership: Causes and Consequences [J]. Journal of Political Economy, 1985, 93 (6): 1155 - 1177.

[98] Ding, Yuan, Hua Zhang and Junxi Zhang. Private vs

State Ownership and Earnings Management: Evidence from Chinese Listed Companies [J]. Corporate Governance, 2007, 15 (2): 223-238.

[99] Dopuch, N., Dan Simunic. The Nature of Competition in the Auditing Profession: A Descriptive and Normative View [J]. The Illinois Auditing Symposium, 1980.

[100] Fama, Eugene F. Market Efficiency, Long-term Returns, and Behavioral Finance [J]. Journal of Financial Economics, 1998 (49): 283-306.

[101] Fan, Joseph P. H., and T. J. Wong. Do External Auditors Perform a Corporate Governance Role in Emerging Markets? Evidence from East Asia [J]. Journal of Accounting Research, 2005, 43 (1): 35-72.

[102] Francis, J. R., E. L. Maydew, and H. C. Sparks. The Role of Big 6 Auditors in the Credible Reporting of Accruals [J]. Auditing: A Journal of Practice and Theory, 1999, 18 (2): 17-34.

[103] Frye, Timothy, and Andrei Shleifer. The Invisible Hand and the Grabbing Hand [J]. The American Economic Review, 1997, 87 (2): 354-358.

[104] Gensler, H., J. Yang. Auditing Standards of the People's Republic of China. FT Law & Tax Asia Pacific, 1996.

[105] Ghosh, A. Does Operating Performance Really Improve Following Corporate Acquisitions? [J]. Journal of Corporate Finance, 2001 (7): 151-178.

[106] Glaeser, Edward, and Andrei Shleifer. The Rise of the Regulatory State [J]. Journal of Economics Literature, 2003, 41 (2): 401-425.

[107] Glaeser, Edward, Simon Johnson, and Andrei Shleifer. Coase vs. Coasians [J]. Quarterly Journal of Economics, 2001 (116): 853 – 899.

[108] Gow, Ian. D., G. Ormazabal, and D. J. Taylor. Correcting for Cross-sectional and Time-series Dependence in Accounting Research [J]. The Accounting Review, 2010, 85 (2): 483 – 512.

[109] Graham, J. R., C. R. Harvey, and S. Rajgopal. The Economic Implications of Corporate Financial Reporting [J]. Journal of Accounting and Economics, 2005 (40): 3 – 73.

[110] Hao, Z. P. Regulation and Organization of Accountants in China [J]. Accounting, Auditing and Accountability Journal, 1999 (12): 286 – 302.

[111] Haw, In – Mu, Daqing Qi, Donghui Wu, et al. Market Consequences of Earnings Management in Response to Security Regulations in China [J]. Contemporary Accounting Research, 2005, 22 (1): 95 – 140.

[112] Healy, P. M., and J. M. Wahlen. A Review of the Earnings Management Literature and Its Implications for Standard Setting [J]. Accounting Horizons, 1999, 13 (4): 365 – 386.

[113] Hribar, P., and D. C. Nichols. The Use of Unsigned Earnings Quality Measures in Tests of Earnings Management [J]. Journal of Accounting Research, 2007, 45 (5): 1017 – 1053.

[114] Jensen, M. C., and W. H. Meckling. Theory of the Firm: Managerial Behavior, Agency Costs and Ownership Structure [J]. Journal of Financial Economics, 1976 (3): 305 – 360.

[115] Jian, M., and T. J. Wong. Propping Through Related Party Transactions [J]. Reviews of Accounting Studies, 2010

(15): 70-105.

[116] Johnson, Simon, Rafael La Porta, et al. Tunneling [J]. The American Economic Review, 2000, 90 (2): 22-27.

[117] Kim, J. B., R. Chung, and M. Firth. Auditor Conservatism, Asymmetric Monitoring, and Earnings Management [J]. Contemporary Accounting Research, 2003, 20 (2): 323-359.

[118] La Porta, R., et al. Legal Determinants of External Finance [J]. Journal of Finance, 1997 (52): 1131-1150.

[119] La Porta, R., et al. Law and Finance [J]. Journal of Political Economy, 1998 (106): 1113-1156.

[120] La Porta, R., et al. Investor Protection and Corporate Governance [J]. Journal of Financial Economics, 2000 (58): 3-27.

[121] La Porta, Rafael, Florencio Lopez-De-Silanes, Andrei Shleifer. Corporate Ownership Around the World [J]. Journal of Finance, 1999, 54 (2): 471-517.

[122] Liu, Qiao, and Zhou Lu. Corporate Governance and Earnings Management in the Chinese Listed Companies: A Tunneling Perspective [J]. Journal of Corporate Finance, 2007 (13): 881-906.

[123] Loughran, T. and Ritter J. R. The New Issue Puzzle [J]. Journal of Finance, 1995, 50 (1): 23-51.

[124] Loughran, T. and Ritter J. R. The Operating Performance of Firms Conducting Seasoned Equity Offerings [J]. Journal of Finance, 1997, 52 (5): 1823-1850.

[125] McLaughlin, R., A. Safieddine, and G. K. Vasudevan. The Information Content of Corporate Offerings of Seasoned Securities: An Empirical Analysis [J]. Financial Management, 1998,

27 (2): 31-45.

[126] Mookerjee, Rajen, and Qiao Yu. An Empirical Analysis of the Equity Markets in China [J]. Review of Financial Economics, 1999, 8 (1): 41-60.

[127] Morck, Randall, Bernard Yeung, Wayne Yu. The Information Content of Stock Markets: Why Do Emerging Markets Have Synchronous Stock Price Movements? [J] Journal of Financial Economics, 2000 (58): 215-260.

[128] Myers, J. N., L. A. Myers, and T. C. Omer. Exploring the Term of the Auditor-Client Relationship and the Quality of Earnings: A Case for Mandatory Auditor Rotation? [J] The Accounting Review, 2003, 78 (3): 779-799.

[129] Myers, Stewart C. The Capital Structure Puzzle [J]. Journal of Finance, 1984, 34 (3): 575-592.

[130] Nelson, M. W., J. A. Elliott, and R. L. Tarpley. Evidence from Auditors About Managers' and Auditors' Earnings Management Decisions [J]. The Accounting Review, 2002 (77): 175-202.

[131] Petersen, M. A. Estimating Standard Errors in Finance Panel Data Sets: Comparing Approaches [J]. The Review of Financial Studies, 2009 (22): 435-480.

[132] Pistor, Katharina, and Chenggang Xu. Incomplete Law [J]. International Law and Politics, 2003 (35): 931-1013.

[133] Pistor, Katharina, and Chenggang Xu. Governing Emerging Stock Markets: Legal vs Administrative Governace [J]. Corporate Governance, 2005, 13 (1): 5-10.

[134] Pistor, Katharina, and Chenggang Xu. Governing Stock Markets in Transition Economies: Lessons from China [J]. Ameri-

can Law and Economics Review, 2005 (7): 184 – 210.

[135] Qian Yingyi, and Barry R. Weingast. China's Transition to Markets: Market-preserving Federalism, Chinese Style [J]. Journal of Policy Reform, 1996 (1): 149 – 185.

[136] Rangan, S. Earnings Management and the Performance of Seasoned Equity Offerings [J]. Journal of Financial Economics, 1998 (50): 101 – 122.

[137] Roychowdhury, S. Earnings Management Through Real Activities Manipulation [J]. Journal of Accounting and Economics, 2006 (42): 335 – 370.

[138] Schipper, K. Commentary on Earnings Management [J]. Accounting Horizons, 1989 (3): 91 – 102.

[139] Shivakumar, L. Do Firms Mislead Investors by Overstating Earnings Before Seasoned Equity Offerings? [J]. Journal of Accounting and Economics, 2000 (29): 339 – 371.

[140] Shleifer, Andrei, and Robert W. Vishny. A Survey of Corporate Governance [J]. The Journal of Finance, 1997, 52 (2): 737 – 783.

[141] Stigler, George J. Public Regulation of the Securities Markets [J]. The Journal of Business, 1964, 37 (2): 117 – 142.

[142] Stigler, George J. The Theory of Economic Regulation [J]. The Bell Journal of Economics and Management Science, 1971, 2 (1): 3 – 21.

[143] Sun, Qian, and Wilson H. S. Tong. China Share Issue Privatization: The Extent of Its Success [J]. Journal of Financial Economics, 2003 (70): 183 – 222.

[144] Teoh, S. H. , I. Welch, and T. J. Wong. Earnings Management and the Underperformance of Seasoned Equity Offerings [J].

Journal of Financial Economics, 1998 (50): 63-99.

[145] Wang, Qian, T. J. Wong, and Lijun Xia. State Ownership, the Institutional Environment, and Auditor Choice: Evidence from China [J]. Journal of Accounting and Economics, 2008 (46): 112-134.

[146] Watts, R. L., and J. Z. Zimmerman. Towards a Positive Theory of the Determination of Accounting Standards [J]. The Accounting Review, 1978 (53): 112-134.

[147] Watts, R. L., and J. Z. Zimmerman. Agency Problems, Auditing, and the Theory of the Firm: Some Evidence [J]. Journal of Law and Economics, 1983 (26): 613-633.

[148] Watts, R. L., and J. L. Zimmerman. Positive Accounting Theory: A Ten-year Perspective [J]. The Accounting Review, 1990 (65): 131-156.

[149] Williamson, Oliver E. Market and Hierarchies: Some Elementary Considerations [J]. The American Economic Review, 1973, 63 (2): 316-325.

[150] Xu, Chenggang, and Katharina Pistor. Enforcement Failure Under Incomplete Law [J]. Mimeo, London School of Economics, 2004.

[151] Yang, Zhifeng, and Xijia Su. Determinants and Consequences of Capital Allocation in a Regulated Market: An Empirical Examination of Seasoned Equity Offerings in China [J]. Working Paper, City University of Hong Kong, 2008.

[152] Yu, Qiao, Bin du, and Qian Sun. Earnings Management at Rights Issues Thresholds: Evidence from China [J]. Journal of Banking and Finance, 2006 (30): 3453-3468.

[153] Zhou, J., and R. Elder. Audit Quality and Earnings

Management by Seasoned Equity Offering Firms [J]. Asia-Pacific Journal of Accounting and Economics, 2004, 11 (2): 95 - 120.

[154] Zingales, L. The Future of Securities Regulation [J]. Journal of Accounting Research, 2009, 47 (2): 391 - 425.

國家圖書館出版品預行編目（CIP）資料

中國政府管制、外部審計與配股融資：來自中國證券市場 / 王良成 著.
-- 第一版. -- 臺北市：財經錢線文化發行：崧博出版，2019.12
　　面；　公分
POD版

ISBN 978-957-735-957-5(平裝)

1.證券市場 2.融資 3.中國

563.62　　　　　　　　　　　　　　　　　　108018189

書　　名：中國政府管制、外部審計與配股融資：來自中國證券市場
作　　者：王良成 著
發 行 人：黃振庭
出 版 者：崧博出版事業有限公司
發 行 者：財經錢線文化事業有限公司
E - m a i l：sonbookservice@gmail.com
粉 絲 頁：　　　　　　網　址：
地　　址：台北市中正區重慶南路一段六十一號八樓 815 室
8F.-815, No.61, Sec. 1, Chongqing S. Rd., Zhongzheng
Dist., Taipei City 100, Taiwan (R.O.C.)
電　　話：(02)2370-3310　傳　真：(02) 2388-1990
總 經 銷：紅螞蟻圖書有限公司
地　　址：台北市內湖區舊宗路二段 121 巷 19 號
電　　話：02-2795-3656　傳真：02-2795-4100　　網址：
印　　刷：京峯彩色印刷有限公司（京峰數位）

　　本書版權為西南財經大學出版社所有授權崧博出版事業股份有限公司獨家發行電子書及繁體書繁體字版。若有其他相關權利及授權需求請與本公司聯繫。

定　　價：380 元
發行日期：2019 年 12 月第一版
◎ 本書以 POD 印製發行